主婦の友社

Grey Hair

グレイヘア それは……

黒から白へと移ろう
人生の新しい季節

黒い髪の中に
初めて白いものを見つけたとき、
「これはきっと若白髪」、誰もが
たまたまの出来事だと思いたがる。
でも、いつのころからかそれは数を増し、
ごまかしようのない現実に。
自分が老いていくことを認めたくない、
だから、なかったことにしようと
黒く塗りつぶす。

年とともに、
その「追いかけっこ」は加速し、
染めても染めても、追いつかない。

自分のしている不自然な行為に、
いつしか疑問をいだくようになり、
「私、いつまで染め続けるんだろう？」と
心の中に湧いてくる思い。
「いっそのこと、
白髪染めをやめてしまったら……？」

「まだ、早いんじゃない？」
「じゃあ、いつやめるの？」
不安、とまどい、恐れ……、
さまざまな感情に
押し流されそうになりながら、
勇気を持って扉をあけるとき、
その先に見えるものは……。

Contents

※掲載商品の価格は、2018年3月現在のもの（税抜き）です。

Grey Hair Charming

“染めない”を選んだ 私のグレイヘアストーリー

グレイヘアにしよう、と決める理由は人それぞれ。白髪染めをやめる年齢もいろいろ。10人いれば、10色のストーリーがある。

グレイヘアを選んだことで起きる、さまざまな変化(似合う色が変わる、しっくりくる髪型が変わる、まわりの人たちの反応……)への向き合い方も自分らしく。〝私〞のストーリーは、いつも私が紡ぐものだから。

GREY - 1

嘘の色で隠すなんてもったいない。本当の髪色は心も解放してくれる

結城アンナさん

age: 63

自分の時間を持てるようになり、気持ちに余裕が生まれたとき、人生をもっと楽しみたいと仕事を再開。自分らしいスタイルがいちばん心地いいから、白髪もシワも隠さずありのままに。60歳を過ぎた今だからできる、私の生き方。

ANNA YUKI

1955年スウェーデン生まれ。
1971年から日本に定住し、CMやファッション誌でモデルとして活躍。
俳優・岩城滉一さんと出会って長女を出産後、一時専業主婦に。
60歳を迎えて活動を再開。イラストレーターとしても独自の世界観を表現している。
初のエッセイ『自分をいたわる暮らしごと』(主婦と生活社)が好評。

その年なりが心地いい。白髪を受け入れれば新しい自分に出会える

グレイの美しいグラデーションをアクセントにした、エレガントなアップスタイルがトレードマークの結城アンナさん。グレイヘアとのつき合いはすでに10年以上になるが、若かりしころは隠していた時期もあったという。

「30代半ばくらいから白髪が目立つようになって、最初はまだ早いかなと思って染めていました。でも、もとの髪色がオリーブグリーンのせいか、ワインレッドのような不自然な色に。しだいに嘘の色に違和感を覚えるようになりました」と振り返る。

偽りの髪色には、お気に入りの服の色やナチュラルなメイクがマッチせず、髪色とバランスをとろうとすればするほど、自分らしさが消えていき……。

「鏡に映った自分を見て、誰これ!? とびっくりしました。本来の自分を隠すことはストレス。いろいろなことが我慢できなくなって、40代後半くらいに、もうイヤ! と白髪染めを卒業しました」

同時にロングヘアをショートへ。約1年間は、ヘアマニキュアをこまめに入れながら、全体が白くなるまで我慢の日々だった。

「とはいっても、基本的に家にいるのが好きだから、そんなに気にはなりませんでした。見た目にきれいじゃなくても、それも自分。仕方ないじゃない、と受け入れて乗り切りました」

染めるのをやめたことで何より気分が軽くなり、「解放されました」と笑顔で語る。

白い髪がのびてからは、再び好きな色の洋服が着られるようになり、メイクも本来のスタイルに。本当の自分を取り戻せたことがうれしくて、グレイヘアをいとおしく思えるようになった。

「実際にグレイになってみると、いろいろな発見があって面白いですよ。たとえば、以前なら避けていた鮮やかなピンクが似合うようになったり。今ではグリーン、イエローなど、選択肢がさらに広がりました。また、白い髪自体がアクセントになる分、シンプルなスタイルでも自然に決まるし、白髪のレフ板効果もうれしい発見。白い髪の輝きが肌色を明るく見せ、シワを目立たなくしてくれます」

その笑顔は、グレイヘアを受け入れることは諦めではなく、新しい自分と出会うためのプロセスであることを教えてくれる。

グレイヘアは私の一部 毎日ケアしてつややかに

就寝に向けてお風呂で体をほぐし、ベッドに入る前に髪を乾かしてブラッシング。髪の状態に合わせてオイルやクリームをつけ、頭皮をマッサージ。丁寧なケアがグレイヘアをつややかに美しく保つコツ。

季節の移ろいを自分に重ねると人も自然の一部だと実感する。寄り添うことで健やかな暮らしに

庭は夫婦ともに好きな癒しの場所。ただ眺めるのもいいけれど、草むしりや芝生の手入れなど、無心になれる庭仕事は気分転換にぴったり。

年を重ねるにつれ、体は無理がきかなくなるもの。同じように髪も肌も、負荷をかければ回復に時間がかかる。

「健康も美容も小さな積み重ねが大事」と、日々の暮らしを見直したアンナさん。

「口にするものや体につけるものは、できる限りナチュラルに。体が欲するものを素直にとり入れて、内側からもいたわりたいと思っています」

たとえば、旬の食材から、その時々の体に必要な栄養をとり、気候に合わせてボディケアの仕方を変える。また、日の出とともに目を覚まし、太陽の光を浴びながら活動し、日没とともに眠りにつく準備をする。そんなふうに、自然に寄り添ったリズムをつくることで、心身が健やかになり、穏やかに過ごせるという。

「すぐに効果を得られることではないから、毎日こつこつと続けることが大事。だからといって必要以上にルールは作りたくないし、我慢もしません。自分に合わないと感じたらやめてもいい。忙しいときは休んでもいい。ときには自分を許すことも大切です。体の声に耳を傾けると、小さな変化にも敏感になって、ちょっといいかも、と実感できることが増えていきます」

大切にしたいのは、大好きな庭を眺め、草木の手入れをしながら自然を愛で、移り変わる季節に自分を重ねる時間。

自分の時間が持てるようになり、改めて料理をじっくりと楽しんでいる。旅先で食べた味を再現してみたり、オリジナルレシピを考えたり。料理はセラピーのように癒しをもたらす。

食事は野菜が中心。ビタミン豊富で肌も喜ぶビーツがたくさん手に入ったら、ビネガーに漬けてストックし、定番のチョップサラダに。

これからは私も主役。あとまわしにしてきた自分を大切にいたわりたい

花屋で見つけた季節の花を生けてみたり、庭の植物を眺めながら物思いにふけったり。最もリラックスできるのは、家で過ごすひとりの時間。

絵を描くことが大好き。大きなキャンバスに向かうと、頭に浮かぶイメージをフリースタイルで一気に描く。描いた作品を部屋に飾ることも。季節の挨拶やお礼状に添える自筆のイラストも好評だ。

自分らしくあるということは、現在の自分を受け入れること。白髪はもちろん、年を重ねるにつれ刻まれるシワや年相応の変化を、むしろ魅力だと思うことができれば、人生は何倍も楽しくなる。それを無理なく自然に実践しているのがアンナさんだ。

「この年になると、自分の好みやスタイルもはっきりしてきて、誰にも人生を自由に楽しむ能力が備わっていると思うんです。だから今こそ、なりたい自分になるとき！　遠慮はいらないんじゃないかしら？」と笑う。

アンナさんがこうしてポジティブでいられるのは、いちばんの理解者である家族の存在があってこそ。いいことも悪いこともずっと分かち合ってきたかけがえのない存在だ。

スウェーデンのストックホルムで、日本人の父親とスウェーデン人の母親との間に生まれたアンナさん。15歳で家族とともに日本に移住し、モデルデビュー。CMや雑誌『anan』などで活躍し始めたころ、岩城滉一さんと出会い、21歳で子どもを授かる。

「娘の誕生は人生の大きなターニングポイントでした。そのころダディはまだ無名で、私のほうが忙しかったけれど、家族のために生きることの尊さを知りました」

しかし、生来、生真面目でなんでもひとりで抱え込んでしまう性格から、子育てと主婦業、仕事、すべてをきちんと

家族がいるから今の私がある。背中を押されて自由に羽ばたく

年齢とともに髪も肌も敏感になるので、外出時は帽子をかぶって紫外線対策。春夏は複数のストローハットを使い分け、おしゃれも楽しむ。

アンナさんがリビングの壁に描いた絵がこちら。撮影で留守にしていた岩城さんが帰宅し、絵を見つけて、その大胆さに苦笑いしたとか。

結城アンナのプラチナ言葉

グレイヘアを受け入れれば、新しい自分が待っている

しなきゃ！と自分を追い込み……。気づけば心身は疲れ果て、突然パニック状態に陥るような、辛い日々が続いた。

「あの経験があったから、今は自分自身を大切にしようと思えるんです。自分を愛せなければ、家族のことも大事にできませんから」

アンナさんが30歳になったころ、岩城さんの仕事が軌道に乗り始め、念願だった専業主婦に。主婦業と子育てを楽しみながら、家族にたくさんの愛情を注いだ。

「人生は山あり谷あり。娘が独立して、夫婦ふたりの生活が始まったのもつかの間、次にお互いの母親の介護が待っていました。長期戦だったけれど、きちんと看取ることができたのは幸せなこと。私自身も老いや死と向き合うことで、自分のこととして考えられるようになりました」

そして60歳を迎え、芸能活動を本格的に再開。テレビや雑誌を通して、アンナさんの飾らない笑顔やライフスタイルが、世代を超えた多くの女性たちを惹きつけている。

「人生の半分以上が過ぎて、これからはもっと自分らしく生きたいと強く感じています。今は、身軽な夫婦ふたりの暮らしに戻りました。あと何年生きられるかわからないから、いろいろなことにチャレンジしたいんです」と声を弾ませる。

絵を描くこともそのひとつ。大きく描きたいと、部屋の壁をキャンバスにして、岩城さんを驚かせたことも。

「仕事もプライベートも、お誘いがあればどこへでも。自宅が大好きだけど、これからは扉が少しでも開いていたら、ハロー！と、飛び込んでいきたいの」

白髪染めをやめて
現在、グレイヘアに移行中

2017年夏、テレビの人気トーク番組に、白髪が途中までのびた状態で出演。さまざまな反響を呼んだが、本人はいたって自然体。女優という職業を分析し、こちらのほうがいいと判断した末の決断だったという。白髪染めをやめて9カ月目と13カ月目にお話を伺った。

萩尾みどりさん
女優
age: 64

中途半端な髪色でも、背筋をのばして堂々とね

中年期を迎えた女優は、2つのタイプに分かれるという。年齢にあらがう人と、年齢を受け入れる人。

萩尾みどりさんは、ごく自然に年齢を受け入れることを選んだ。

「私、他人に何か言われても、あまり気にならないんです。10も年上に見られたら、さすがにそれはショックかもしれない。でも、年相応に見られる分には、ちっとも構わないし、1つや2つ上に思われたとしても、まったく問題ないわ」

演じる役は、実年齢を中心に上下10歳程度の幅がある。役柄によっては白髪を望まれることも増えてきた。

「実は、髪を黒くリタッチするほうが簡単なんです。人工的に作った白髪は、クローズアップすると違和感があります。だったら自分の白髪を大切にしたほうがいい。そう思ったことが、白髪染めをやめたきっかけのひとつでした」

白髪をのばし始めて変わったのは、パーマのかけ方だ。

「前は毛先だけだったけれど、もっと上のほうからかけるようになりました。やはり白髪は、寂しく見えるから。パーマを全体にかけると華やかだし、手をかけている感じがするでしょ」

そしてもうひとつ、人一倍気をつけていることがある。それは、美しい姿勢だ。

「中途半端にのびた白髪が気になる気持ちはわかります。でも、気にしすぎると視線が下がり、姿勢が悪くなってしまう。白髪をのばすのなら、手入れをする、背筋をのばすといった努力はしないとね。それを怠ると、とたんに老けて見えると思います」

外に出るときには、「私は私、これでいいの!」という気持ちが大切と断言する萩尾さん。

堂々と胸を張って歩けば、自然と気持ちも上向きになる。

MIDORI HAGIO
1954年生まれ。千葉大学理学部生物学科卒業。1974年、TBSテレビ小説で主演デビュー。ドラマや舞台、映画に多数出演のほか、環境問題やリサイクル、健康や食育に関する講演、シンポジウムなどに登壇。コメンテーターとしても幅広く活躍中。

白髪染めをやめて9カ月経過。ウェーブが、グレイヘアと明るいブラウンになった染毛部分とをなじませてくれる。2017年7月「徹子の部屋」にも、この状態で出演。

パール×プラチナネックレス 15万円／ ITOI(ザ・ゴール)

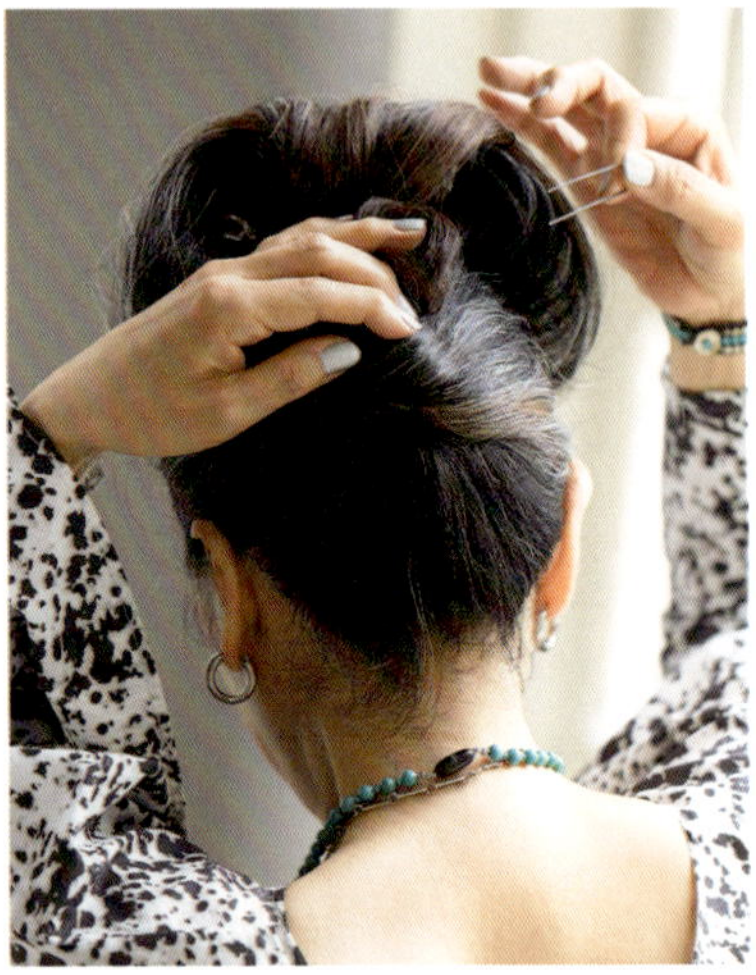

まずは髪を上下のブロックに分ける。下の髪を低い位置で結び、くるりとまとめてUピンでしっかりとめる。オイルやジェルをつけておくとまとまりやすい。

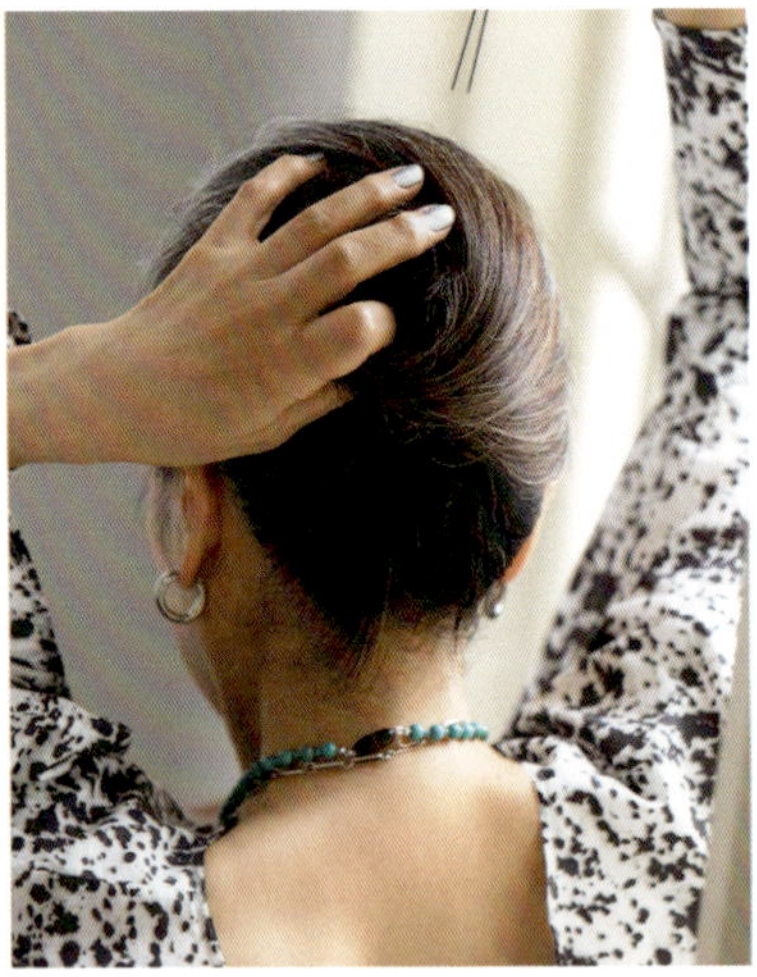

まとめた下の髪を覆い隠すように、上の髪をかぶせる。このときもオイルなどをつけておくと扱いがラク。かぶせた毛先をUピンで髪の中に隠して完成。

ひと筋残した前髪が印象的なまとめ髪アレンジ。カラーした部分と白い髪、黒髪がまざりあう時期だからこそ、立体感のある華やかな印象になる。

白髪は老化だけど似合う色が広がる楽しみも待っている

「老いって、悲しいし、辛いし、寂しい。でも、すべての人に等しく訪れるものだから。受け入れたほうが気がラクよ」

そう言ってほほ笑む萩尾さん。その根底には、自分を否定したくないという気持ちがある。

「年をとれば、中身も顔も等しくくたびれる。それなのに、外見だけは若く見せたいなんて、おかしいですよね。シワも白髪も受け入れたうえで、自分らしく生きていきたいんです」

そんな萩尾さんの主張に対し、娘さんや周囲の女性からの反対意見はない。ただし息子さんら男性陣からは、「白髪はまだ早いんじゃない？」と言われたとか。

「でも、白髪になったら新しい楽しみもあるんですよ。たとえばパステルカラーが似合うようになるとか。淡い色を着るのが、今から楽しみなの」

肩までの長さはキープしたまま、じっくりと白髪を育てていくつもりだ。

このままフォーマルな場所にも行けそうな夜会巻きだが、明るい髪色が入ることでカジュアルな装いにもフィットする。ターコイズブルーとの相性も抜群。

誰にも老化現象は訪れるもの。
あらがうよりも
受け入れるほうがラクじゃない？

白髪が気になる日は帽子を味方に

白髪を隠したいときは、室内でもかぶりやすいベレー帽を。大人の女性には「チョボ」と呼ばれる頭頂部の突起のないタイプがおすすめ。斜めにかぶるのがコツ。

ブラウンレザーカーディガン 6 万 4000 円、グレーリラックスパンツ 1 万 8000 円／ともにロッタス　パールピアス 1 万 1000 円／マユ　ネックレス 3 万 8500 円／アビステ

ときにはキュートにグレイヘアを遊ぶ

明るい髪色には、鮮やかな色もよく似合う。トップにふんわりとふくらみを出すとエレガントな印象。太い縁の眼鏡は、顔の印象にアクセントをつけてくれる。

プラチナピアス 25 万円／ LASOMA（ザ・ゴール）　バングル 4500 円／アビステ

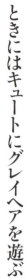

中途半端な白髪じゃなくて
グラデーションがおもしろい
今だけの髪色なの

染めていた部分が退色して明るい色になり、ゆるいウェーブと相まって立体感が生まれる。大きなイヤリングが顔を華やかに演出。

イヤリング 5445円／アビステ

100円ショップで売っているミニサイズのヘアクリップを使った簡単アレンジ。毛束を少しずつくるくるとねじって、とめるだけ。前髪を軽くポンパドールにすると、若々しい雰囲気に。髪色とコーディネートした色合いの服を合わせれば、上品なマダムの完成だ。

16〜21ページのころより、グレイヘア部分が約5cmのびた。仕事柄、ショートにするのはむずかしいが、今回、毛先を少し切って、グレイヘア率をアップすることに。

それから4カ月後、グレイヘアがかなりのびて……

1回目の撮影の4カ月後、再び萩尾みどりさんとお会いした。実は、前回の写真が家庭内でちょっとした波紋を呼んだという。グレイヘア率がアップした今、改めて思う「素敵な大人の女性」について教えてもらった。

ミックスの髪色が個性的でいとおしい

「前回の写真を見て、息子が大絶賛してくれたの！『すごくいい写真だね』って！」

そう教えてくれた萩尾さんは、茶目っ気たっぷりな表情で笑う。「白髪にするのはまだ早いのでは？」と言っていた息子さんの反応が意外で、とてもうれしかったようだ。

そんな萩尾さん自身、今の髪色をかなり楽しんでいる。

「白い髪、黒い髪、染めた色が抜けて茶色っぽくなった髪のまざり具合がおもしろいんです。最近、電車の中でも、人の髪色を観察するのがクセになってしまって」と笑う。

萩尾さんがいいなと思うミックス状態は、白や濃い色が幾重もの筋になり、髪の流れが美しく見えるもの。

「べったりと黒く染めている人を見ると、逆にバランス悪く感じますね」

印象的な髪色の持ち主に出会うと、ついじっくり観察してしまうのだとか。

「髪がグレイになると、全体の雰囲気がやわらかくなるん

肩にかかる長さはキープしたまま、約5㎝染毛部分を切り落とす。人工的な色が少なくなるだけで、髪はとたんにやさしいナチュラルな雰囲気に。

染めていた部分を切って グレイヘア率をアップ

ですよね。黒だとコントラストがきつい服やメイクの色も、いい感じに緩和されるのがおもしろいなと観察しています」

今回、毛先を約5㎝切った萩尾さん。染毛部分が減って、えり足のあたりはほぼ自分本来の髪色になった。そして、全体がグレイヘアになったときのイメージがよりはっきりと見えてきた。

「すべてグレイになるには、まだ時間がかかりそうだと思っていたけれど、もう少しでいい感じになりそう。早くのびてほしい！　楽しみ！」

グレイの分量が増えるにつれて変わったことは、服の色選び。昔よく着たけれど、最近あまり着る機会がなくなっていたパステルカラーの服の登場回数が増えたという。

また、今回の撮影で、本人も驚いたのが、鮮やかな色が思いのほか似合うという発見だった。

「ビビッドなピンクのニットなんて、私には縁がないと思っていたの。でも、きつい印象にならずに似合うのは、やはり髪がやわらかな色になったからでしょうね」

実は、萩尾さんには今でも忘れられないグレイヘアの女性がいる。30代のころ、電車の中で見かけた、紺のスーツ姿の女性。髪は真っ白なプラチナカラーで、年齢不詳だったが、それは素晴らしい、背筋ののびた立ち姿だった。

「その女性の印象は、今でも鮮明に残っています。白髪をのばし始めたとき、その人のことを思い出しました。私も年下の女性から、『なんだか素敵な人。あんな女性になりたい』と思われたらうれしいと思います」

きれいな色、ビビッドな色がこんなに似合うなんて

プリーツスカートとプルオーバーの揺れるすそを、スモーキーピンクのライダースジャケットがソフトに引き締めて。春の日差しにグレイヘアとパステルカラーがマッチ。

ノーカラーライダース 12万円／ロゥタス
イヤリング5000円、ネックレス9000円、ブレスレット1万2000円／以上アビステ

萩尾みどりのプラチナ言葉

若く見られるより「なかなか素敵」と思われるほうがいい！

イヤリング1万円／アビステ

コンサバティブな外ハネスタイルが重く見えないのは、軽やかな髪色のなせるワザ。ビビッドなピンクのニットも派手になりすぎず、大人っぽくまとまる。

髪をまとめると、大きなイヤリングやフューシャピンクの口紅がきわだち、より印象的に。黒髪と白い髪のあやなす陰影が、まとめ髪にニュアンスを生む。

グレイヘアは、実年齢以上に老けて見られるリスクがある。でも、「たとえ若く見られたとしても、つまらないおばさんと思われるほうがイヤ」と萩尾さんはきっぱり。

「グレイヘアの私を70歳ぐらいだと思う人がいるかもしれない。でも、『70にしてはなかなか』と思われれば、それでいいんじゃないかしら。大切なのは『なかなか』という部分であって、年齢じゃないんです」

若い女性から、「年はとっているけれど、なかなか素敵な人。私もあんな女性になりたい」と憧れられたら。たとえ、実際より年上に見られても、きっとうれしいはず。

「背筋をのばし、重ねた年輪の自信を胸に秘めた、『なかなか素敵』なグレイヘアの女性が増えたら、世の中もっと元気になるんじゃないかしら」

夫とともに挑戦した新境地
憧れの女性像に近づきたい！

自分を変えたいと思ったとき、憧れのグレイヘアが脳裏に浮かんだ。いつかは、と思っていたグレイヘアだけど、そのときは意外に早くやってきた。いざ白髪染めをやめてみると、途中で、やはり心は揺れた。そして、2年……。今、思うこととは？

宮原巻由子さん
映像翻訳家
age: 55

気持ちも見た目も
ガラリと変えるために
グレイヘアに挑戦

宮原巻由子さんがグレイヘアをめざした理由、それは……。

「今振り返ると、自分自身を一変させたかったんじゃないかって思うんです」

当時、夫が早期退職。退職後は一緒に事業をする予定だったが、突然カメラマンをめざすと宣言された。

「驚きました。でも、ずっと企業に勤めてきた彼が初めて口にした夢だから、私が止めてはいけない、と。そうは言っても、不安はあって……。そんなネガティブな感情を払拭したかったのかもしれません」

もともと宮原さんは、海外ドラマや映画に出てくる知的なグレイヘアの女性に憧れを抱いていた。いずれは自分もグレイヘアにと思っていたが、それが53歳の決意になるとは想像していなかったという。

2016年の年頭にSNSで決意表明をした宮原さん。しかし途中で、迷いが生まれなかったわけではない。

「お友だちには理由を詮索されましたし、染めるべきだ、とも言われました。気のせいか、アパレルの店員さんに客として扱われていないように感じたこともあります」

当時の日記には、「白髪染めをやめた私、これって一種の自傷行為かもしれない、とふと思う」という一文がある。女性特有の心が揺らぐ時期も重なり、心細い気持ちが続いた。

そんな時期を経て、2年たった今、宮原さんに一片の後悔もない。

「私のサイトを訪れてくださる海外の男性は、白髪に知性を感じるようで、手放しでほめてくださいます。白髪をのばす途中は辛かったけれど、自分の心を掘り下げる、いい時間でした」

MAYUKO MIYAHARA
1962年生まれ。1996年より、フリーの映像翻訳家として活動。430本以上の映画やアニメ、ドラマ、PVなどの字幕や吹き替え翻訳を手がける。また、「美しく年齢を重ねる」をテーマに、モデルや講演など、さまざまな活動に従事。
英語でつづる宮原さんの個人サイト　http://grayhair.style/

2017年の春ごろ、夫である写真家、中川直也氏が撮影した1枚。あくまでも控えめなメイクにグレイのニット、背景もグレイのワントーンで統一し、知的で静かな世界観を表現。

半年頑張れば、いい感じになれそうな確かな予感が

白髪を育てる途中で、宮原さんは、ヘアサロンに足しげく通った。

「サロンでは、半年後にはこう、1年後にはこうなりたいとイメージを伝え、美容師さんに伴走していただきました。私としてはロングのままでのばしていきたかったのですが、やはり一度ショートにしたほうがいいと。でも、あまり短くしたくないし。2016年の春夏は、しょっちゅうサロン（NAP・横浜市青葉区）に駆け込んで相談していました」

いちばん辛かったのは、白髪部分が広がってきたけれど、まだ前髪に染毛部分が残っている時期。このころは着物を着て、人目ができるだけ着物に向くように工夫していたとか。

また、お気に入りの画像が見つかるウェブサイト「ピンタレスト」で、グレイヘアの素敵な外国人女性の写真を探しては、「よし、1年後にはこうなるぞ！」と気持ちを高めていた。

周囲の反応が一変したのは、前髪の染毛部分をすべて切り落とせたころ。

「グレイになった前髪を見た人たちが、『真似したい』とか『メッシュみたいで素敵』と言ってくれました。だから、我慢は半年です。半年頑張れば、絶対に報われます！」

グレイヘアになると、流行の服をそのまま着ても、違和感を感じることがある。

「今の自分に似合うものって何だろうと真剣に悩みます。でも、この悩みを克服できれば、自分スタイルにたどり着くことができるはずです」

美容師さんの力を借りつつ 1年かけてグレイヘアに変身

2016年のお正月、SNSにて脱白髪染めを宣言。頭の中だけで考えていたことをオープンにすることで、後には引けないという決意を新たにした。

4月、髪をショートに。前髪は短めに切り、中途半端な白い部分が目立たないようにしてもらった。悩むたびに美容室でアドバイスを求めた。

7月ごろ、前髪がすべてグレイに。このころからまとめ髪ができる長さを意識して髪をのばし始める。白っぽい色合いのファッションが増えた。

2016年の年末にはグレイヘアが完成！　染めていたころによく着ていた黒の服や、首まわりの詰まった服が似合わなくなった気がする。

夫の独立と自分の白髪育てで、不安に
揺れていた時期。何度もカメラの前に
立つことで夫のスキルアップを支える
とともに、自信も取り戻していった。

グレイヘアにしか出せない
大人のエレガンスって
あると思う

染毛部分がなくなり、すべてグレイに
なったときがゴールではない。大人の
女性ならではの知的なおしゃれを自分
らしく楽しむ。ここからがスタートだ。

毛流れが映える、巻由子流30秒アレンジ

日本の伝統工芸、伝統文化に関わる商品の開発やプロモーションに力を入れていた宮原さん。着物を着る機会も多く、自分でまとめ髪にして外出することも。着物にも洋服にも似合ってグレイヘアがより映える、簡単なまとめ髪テクニックを紹介。

かんざし一本で和風シニヨン

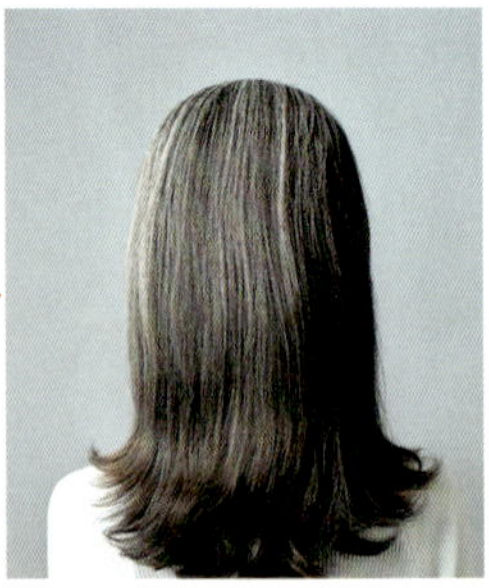

まとめ髪には、肩よりも少し長いくらいがちょうどいい。

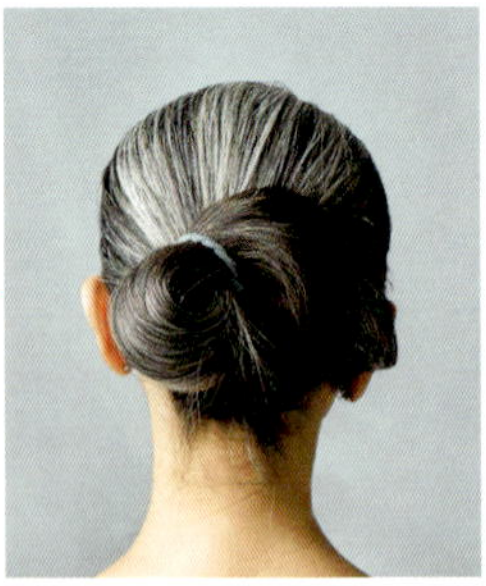

オイルをつけてまとめやすくした髪を、おだんご状態に。

おだんごにした髪の輪の部分を2つに分けて、毛先を隠す。

左右に分けた髪を抑え込むようにかんざしを挿して完成。

飾りのついたコームを三つ編みに挿し込む

まずはオイルでまとめやすくした髪を三つ編みに。髪の内側に向かって毛先をぐるりと巻き込み、飾りつきコームを挿すだけ。挿す際に、髪をまとめたゴムの部分にコームの歯を挿し込むようにすれば、くずれることはない。

バナナクリップで華やかに

オイルをつけてまとまりやすいようにした髪をバナナクリップでまとめる。

まとめた髪をねじりながら、バナナクリップ沿いにぐるりと一周巻きつける。

巻きつけた髪をヘアゴムでとめる。毛先は見えないように、髪の中に入れる。

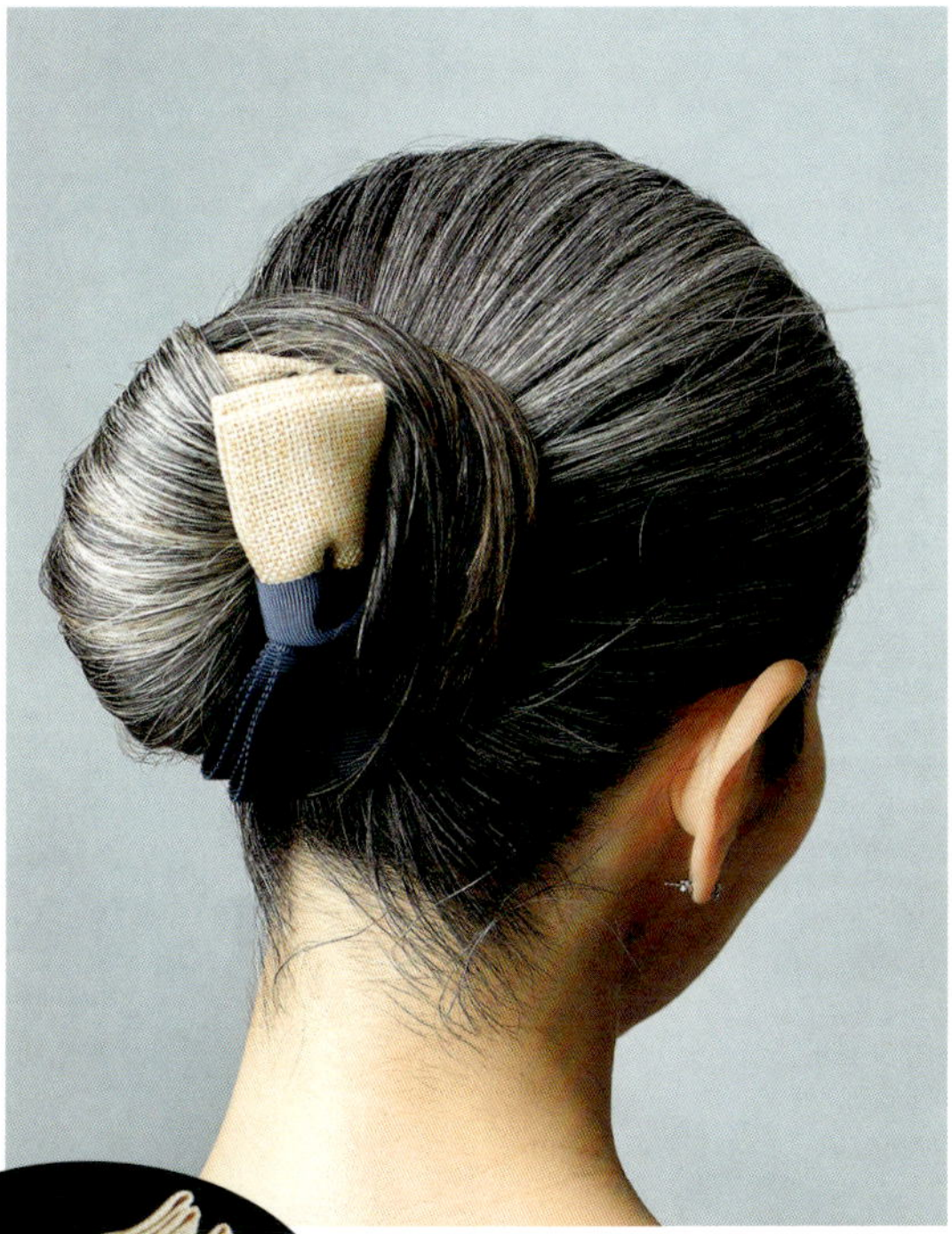

控えめカラーのリボンつきバナナクリップは、ジャケット着用のシーンにも。

ピンクの小花つきバナナクリップは、グレイヘアとの色なじみも good。

今しかない「枯れていく魅力」を楽しまないと

前髪部分のグレイヘアがメッシュのようで印象的な柳瀬さん。「あえて」そうしているようなおしゃれ感が漂うが、ヘアサロンでは、染めない選択にずっと反対されていたそう。パリでの生活経験もある柳瀬さんが考える「大人の女」へのステップとは？

柳瀬久美子
フードコーディネーター・料理家
age: 54

フランスで暮らした20代後半から白髪が生え始めて

フードコーディネーター、料理家として活躍し、お菓子と料理の教室も主宰する柳瀬さん。「私が今、料理を仕事にできるのは、フランスでの生活体験がベースにあるおかげです」

東京でいくつかのパティスリーやレストランで働いたあと、本場でフランス料理の勉強をしたいと23歳で渡仏。トゥールという地方の街で半年、語学学校に通い、パリで料理学校を卒業したあと、フランス人家庭に住み込んで料理とお菓子を学んだ。さらに、フランス人医師と結婚を前提とした交際を始めてからは、週末、彼の実家が所有するオルレアン郊外の屋敷で、バカンスはコルシカ島の古城で過ごした。あるときは友人を手料理でもてなしたり、逆に招かれたり。また、あるときはばあやとマルシェへ買い物に出かけ、季節の果物で1年分のコンフィチュール(ジャム)を作ったり。地に足の着いた豊かなフランスの食文化を体験したという。

「フランスで暮らした4年間は、楽しく夢のように過ぎましたが、苦労もありました。何しろ、初めはまったくフランス語もしゃべれなかったんですから」

彼との同棲も結局、2年で終止符を打つことに。前髪に白髪を発見したのはそのころだった。

「ちょうど精神的に大変だった時期と重なるの。でも、フランスにいたときは、染めるという発想はありませんでした」

KUMIKO YANASE
1988年から4年間のフランス滞在中にリッツ・エスコフィエでディプロマを取得。フランス人家庭で菓子や家庭料理を学び、帰国後はフードコーディネーターとして広告、雑誌、企業のメニュー開発などで活躍。フランス家庭菓子と料理の自宅教室も人気。『タルト・ソレイユとタルト・フルール』『ジェラート、アイスクリーム、シャーベット』など著書多数。

前頭部のとくに右側に白髪が多いため、分け目を右にするとグレイ率が上がって見える。
40代までは、左で分けて、白髪が目立たないようにしていた。

カジュアルなまとめ髪は「無造作」がカギ

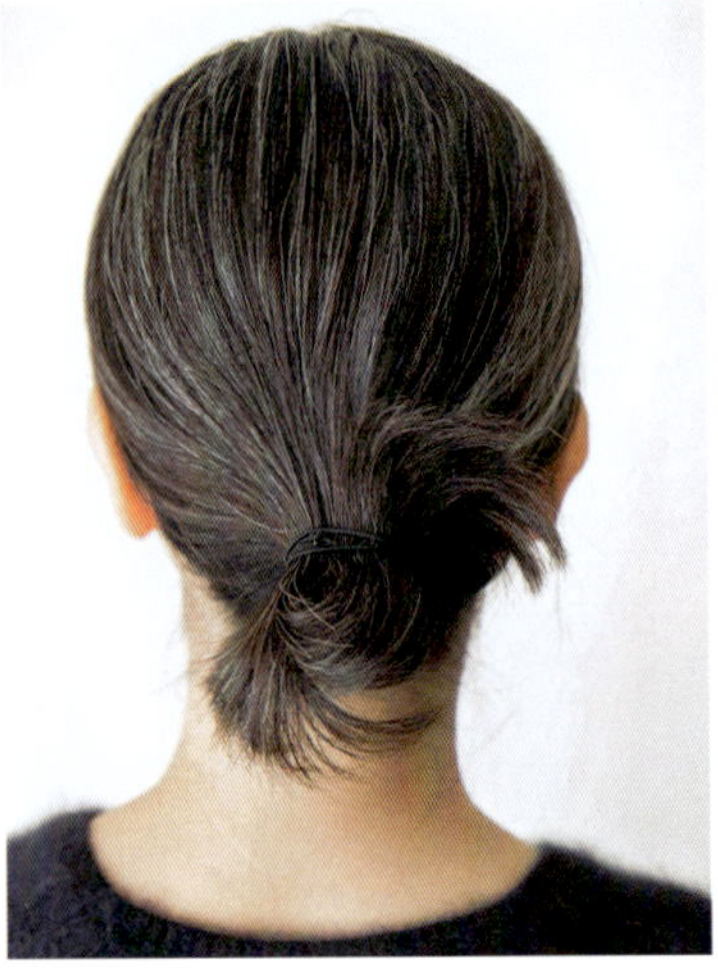

ひとつにまとめるときは、えり足より少し高めで結び、後頭部の髪を引き出すようにしてふくらみを作るとリュクスなシルエットに。

結んだ髪をふたつに折ってヘアゴムで結び、毛先を散らして遊ばせる。無造作に散らすことでおしゃれに見える。

時間がなくてヘアサロンに行けず念願のグレイヘアに

傷心を抱えて帰国した柳瀬さん。日本でヘアサロンに行くと「美容師さんが白髪をまるで病気のように扱うんです」

染めるのは当然、という雰囲気で、40代までは、言われるままに染めていた。

「でも、後頭部にも増えてきたので、染めるのをやめようと思ったんです。そしたら、『まだ早いんじゃない？ グレイヘアにしたら常におしゃれしていないと老けて見えるよ』と言われ……」

無理だと思い、また、ずるずると染め続けた。

2016年夏は、ヘアサロンに行く時間もないほど、仕事が多忙だった。染めてから2週間後には生えぎわに白いものが目立ってきたが、家での撮影が多かったため、「後ろで結べばいいや」と。そのうち白髪の量が増えてきて「今度こそ！」と秋までサロンに行かずに過ごした。

「途中、みっともない時期もあったけれど、今では美容師さんも『いいんじゃない』と認めてくれています。

日本では若いことが美徳だから、『若見え』のために頑張るけど、人には枯れていく美しさもあると思うの」

1歳年上のフランス人男性の友人は、柳瀬さんの髪を見て『大人になったね。かっこいいよ』と褒めてくれたという。

「恥ずかしい、汚らしく見えるのでは？と人の視線を気にしていると、そうしか見えないけれど、これでいいの！と開き直ると、不思議とおしゃれに見えるんです」という柳瀬さんの表情に迷いはない。

グレイヘアは「ただ者ではない」感も出しやすい

「ドライアイなので、サングラスをかけることも多いのですが、グレイヘアにサングラスって妙な迫力が出るんです（笑）」

1

グレイヘアの多い前髪部分を、ふくらみをつけたポンパドールに。片手で根元を押さえながら、もう一方の手で毛束をねじる。

2

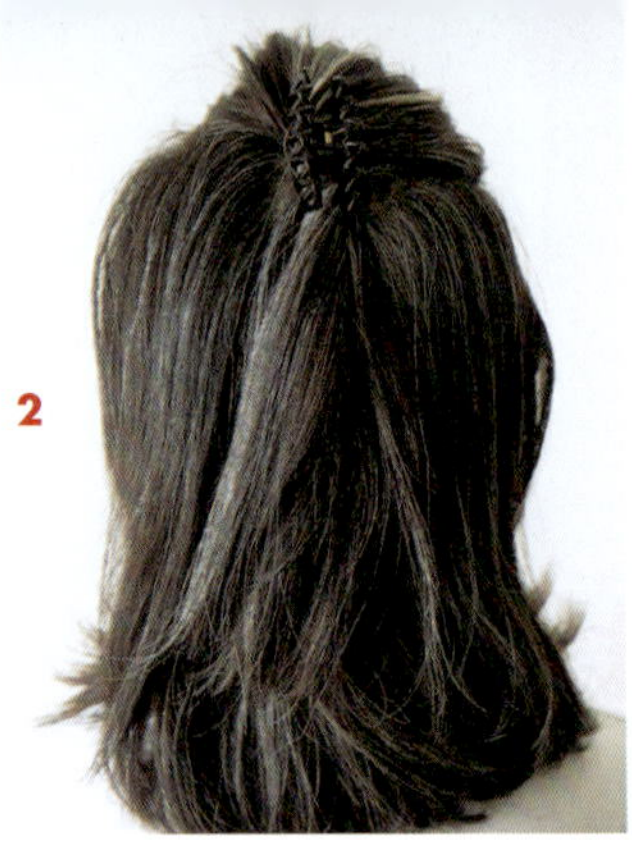

ねじった髪を、バンスクリップでとめる。とめるときに、ねじった部分をぐっと前方に押し出すと前髪にふくらみが出る。

3

クリップ下の髪と両サイドからすくった髪を合わせ、中央あたりをゴムで結び、ゴム上の髪をふたつに分けて輪を作る。

4

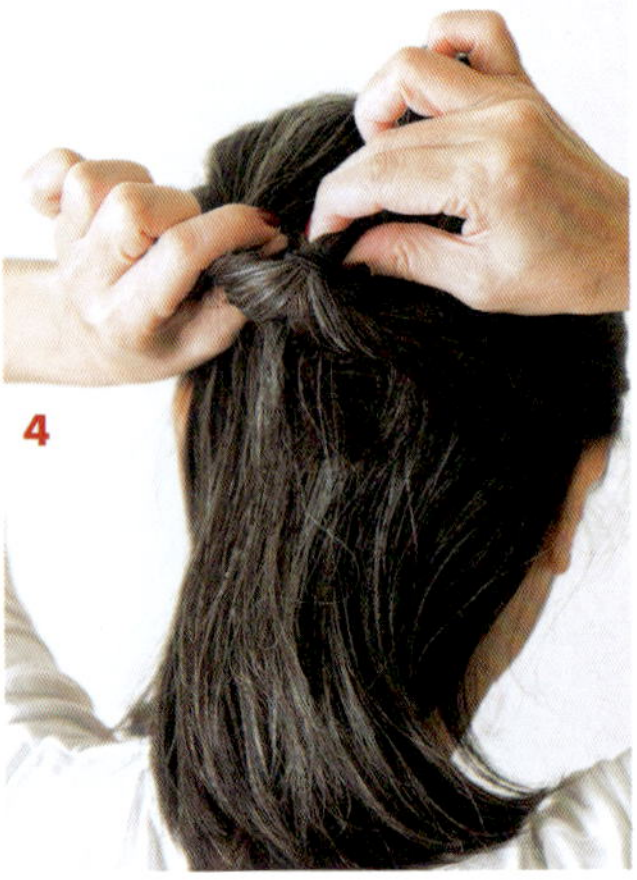

その輪の中に、ゴムから下の髪を、外側から内側にくるんと回転させて、入れ込む。

5

入れ込んだ毛束は輪の下に出す。毛束を一回転させてから下に出した、いわゆる「くるりんぱ」ヘア。

6

えり足で髪を結び、ゴムをヘアアクセサリーで隠す。機能的かつ華やかさも兼ね備えたアレンジヘアの完成。

染めるのをやめてから量が増えて、髪質もしっかりしてきました

スポットライトがあたったような
立体的で華やかなアレンジヘアに

染めるのをやめたかわりに メイクや装いにも気を配って

ショートのグレイヘアが、とてもおしゃれ。持ち前のセンスのよさが伝わってくる深井さん。ファッション業界で働く彼女が、現在の髪色を選択した理由は？　魅力的なグレイヘアを追求するために、普段心がけていること、工夫していることを話してもらった。

深井桃子さん

age: 53

20代のころから白髪を染めてきたけれど

「白髪を染めるのをやめた女性って、自分を解放したんだなぁ、かっこいいなと思います。私？　私自身は、人の目にどのように映るのかわかりませんけれど……」

そう語る深井さんだが、はればれとした笑顔がチャーミングだ。

「20代のころから前髪に白髪が多くて、当時は赤いヘアマニキュアでメッシュ風に染めていました。その赤い髪で就職の面接にも行ったんですが、ファッション業界だったおかげか、希望の会社に入れましたし、入社後も髪の色については何も言われませんでした」

ただ、年齢とともに白髪が増えていき、前髪が「まっかっかになってしまった」ので、やがて普通のブラウンに染めるようになった。

「そして、染めるのをやめたのは、3年ぐらい前。ショーウインドーのマネキンや海外雑誌の広告でシルバーの髪を何度か見かけ、『素敵！　シルバーの髪にしたい。まず白髪染めをやめて、ナチュラルに戻してからシルバーに染めよう』と思い立ちました」

ヘアサロンで「ナチュラルに戻す」と告げると、「顔にマッチしないから、染めたほうがいい」と言われたとか。

「それを押しきって、少しずつナチュラルにしていたら、そのうち美容師さんも『結構いいかも』って（笑）。結局、シルバーに染めるのではなく、このままナチュラルな髪色でいくことにしました」

母も白髪が多いほうだった。見慣れていたせいか、鏡に映るグレイヘアの自分はイヤではなかった。

「白い髪でも、かっこいいファッションを楽しむことはできるはずだと思います」

夫も子どもも、グレイヘアについては、とくに何も言わない。「外では、以前よりもよく顔を覚えてもらえるようになりました」

MOMOKO FUKAI
ファッション業界で広報の仕事に就く。家庭では1児の母。信頼する美容師のヘアサロンに25年以上通っている。

グレイヘアは、カジュアルな服を、より軽快に着こなせる。ペンダントは、ベネチアングラスを使ったイタリア人アーティストの手によるもの(右ページのものも同様)。

きれいなママでいたいから
髪も肌も「ツヤ」を大切に

グレイヘアへの移行期は、濃いグレイのヘアマニキュアを塗って乗りきった。「半年ちょっとで、今のナチュラルな色になりました」

明るく イキイキとした 肌づくりを

半年ほどかけてナチュラルなグレイヘアに戻してからは、「疲れた雰囲気の人」にならないよう気をつけている。

「息子の学校行事に行くこともあるので、きれいにしてなきゃと思って」

白髪の黄ばみをおさえるために、自宅では紫シャンプーを使用。ツヤも欲しいので、ときどき美容院でトリートメントをしてもらう。

「肌の若々しさも必要だと思うので、カラーリングをしないぶん、スキンケアにお金をまわし、いい化粧水を使うようになりました」

メイクでいちばん変わったのは口紅。ベージュ系は顔の印象がぼやけるので使わなくなり、そのかわりにいろいろな赤のバリエーションを楽しむようになった。

「服も、以前とは違う色が似合うようになったり。グレイはもう難しいかなと思ったのですが、明るめのグレイのスカーフをしていたら褒められました。グレイでも、色合いによっては似合うものもあるように思います」

現在、髪をのばしている最中。のびたら全体にスパイラルパーマをかけ、華やかなスタイルにするつもり。

今は髪をのばしているところ。ヘアワックスで軽くスタイリング。「ネイルはベージュ系が多いけれど、口紅に合わせて赤も」

右は、いわゆる紫シャンプー。左はタオルドライ後に使う髪用ローション。「どちらも、髪の黄ばみをおさえてくれるので愛用中」

銀座のコンセプトショップ勤務で グレイヘアにチャレンジ

ファッション関係の販売職でグレイヘアを選択する女性は、まだまだ少ない。そんな中、内藤さんは髪色をナチュラルに戻すことを決意した。彼女が勤務するのは、銀座の中央通りに面した注目の商業施設内のショップ。グレイヘアに対するまわりの反応は？

内藤咲絵さん

age: 49

めざすのは、ショートではなくロングのグレイヘア。「そのほうが私らしいかなと思って。真っ白になったら、少しベージュピンクを入れたりしてアレンジも楽しみたいと思っています」

SAKIE NAITO

いくつもの人気海外ブランドのブティック勤務を経験。ヘッドハンティングにより、昨年から『GINZA SIX』のコンセプトストア「シジェーム　ギンザ」の販売員に。神奈川県藤沢市で夫や愛猫と暮らす。

親族にグレイヘアの人が多く、自分もいずれはと覚悟していた。「それなら早いうちからと考え、ナチュラルに戻しました。これは昨年12月のヘアスタイルです」

夫の孝史さんは2歳年下。「妻にグレイヘアにすると言われたとき、最初は『えーっ、この姿はもう見られないのか……』と思いました。でも、実際にグレイヘアになると『これはこれでいいな』と（笑）。僕は、無理してる感じの女性より、いい雰囲気で年を重ねている人のほうが好みなんです。一緒に上手に年をとっていけたらと思っています」

お客様から辛口の意見をいただくことも

「美しければ、いいと思う」

昨年の春、内藤さんはグレイヘアで接客をしてもいいかと上司に尋ね、その答えが、この言葉だった。

「もともと私は白髪が多いほうで、お客様相手の仕事でもあり、わりと早くからこまめに染めていたんです」

以前は、ヘアサロンで月に1回の頻度でリタッチをしてもらい、3カ月ごとに髪全体を染めていた。

「でも、ロングの白い髪が美しい63歳のモデル、ヤスミーナ・ロッシさんの写真を見て、こういう美しさもあるんだ！と衝撃を受けました。それにヘアサロンで費やす多くの時間を、もっと他のことに使いたいという思いもあって」

6年前に結婚した夫とは休みの日がなかなか重ならず、たまに一致するとそれが貴重な時間になる。もっと一緒にコンサートやバレエ公演などに出かけ、内面磨きをしたいと考えていた。

「上司の許可が出たので、夫や同僚に『これからはグレイヘアでいきます』と宣言。親しいお客様には『ちょっとお見苦しいですけど、決めましたので、おつきあいお願いします』とお伝えしました」

それから数カ月。あるとき50代後半の男性客が「おねえさん、銀座の真ん中で働いてるのに頭のてっぺんが白いなんてダメじゃない」と言った。

「すると、そばにいた奥様とお嬢様が、『パパ、何言ってるの。今は、これがトレンドなのよ』っておっしゃって。女性のお客様は、好意的な方、応援してくださる方が多いと感じます」

2017年4月に銀座にオープンした注目の大型商業施設内のショップに勤務。「お客様のコアターゲットは50代。大人の女性の方が多いこともあって、みなさん私のグレイヘアを応援してくださいます」

人生の進路も髪の色も「自分で選ぶ」ことが大切かなと

染めの残る毛先が美しくなかったので、数日前に20cmほどカット。動きが出るようパーマも。「こうして、少しずつグレイヘアを増やしながら、ロングにしていくつもりです」

何ごとも自分で決断して自分で責任をとる

「染めない」という選択をした内藤さん。考えてみれば人生は選択の連続だ。これまで職場も何度か変えた。

「誰もが知ってるようなハイブランドからお声がかかっても、自分らしくないと思ったら、お受けしませんでした。お給料は下がるとわかっていても、『やってみたい』と思って、お店を移ったこともあります」

プライベートでは、30歳で結婚して、3年後に離婚という決断もしている。

「何に関しても、自分自身に十分に問いかけた上で選択をしてきました。結果、うまくいかなかったこともありますが、後悔はありません。『自分で選んだ』ということが大事なのだと考えています」

不自然な社会ルールに疑問を呈してきた、そんな世代の私たちだからこその選択

建築関係という、まさに男社会で仕事を続けてきた永井さん。かつて、職場では他の女性たちとともに、自分たちが働きやすい環境を整えていった。意味のない苦労や我慢は不必要だと思ったから。そんな姿勢の延長線上に、グレイヘアもあるのかもしれない。

永井幹子さん

age: 55

30代から白髪が目立ち始めても常にナチュラルに

永井さんが大学卒業後、大手建設会社に入社したのは１９８５年。女性たちが「自分」を殺すことなく生きる環境を探し求めていた時代だ。「技術職で就職しても、終業時間になると、私たちは男性の湯飲みやカップをさげて洗ってから帰るのが当たり前でした。『それって、おかしいのでは？』と思うことが、いろいろあったんです」

創造的なデザインが仕事でも、女性はお仕着せの制服を着なければならない。現場に配属された女性は、女性用更衣室がなくて困った……。こうした不便を永井さんたちは会社に相談し、その結果、慣習は見直され、職場環境も変化していった。決して肩ひじ張らず、しかし「これっておかしい」「不自然だ」と思う自分の感覚を見逃さないようにする。そんな永井さんが、白髪を染めずにグレイヘアへと移行していったのは、当然といえば当然だった。

「それから、私には将来のイメージがあって。20代のころ、たまたま雑誌の広告で白髪のかっこいい女性の写真を見つけ、『ああ、私もこんなふうに年をとりたいなぁ』と。その切り抜きを、ずっと大事に持っていたんですよ」

現在は独立して、デザイン会社の代表に。

「クライアントの考えるコンセプトを汲みとり、それをいかに自分らしく実現していくかという部分にやりがいを感じます。だから、いろいろなものをどんどん吸収するために、五感はいつも乾いたスポンジ状態にしているつもりです」

インテリア雑誌の広告の写真。「20代のころに『将来、こんなかっこいい女性になりたい』と。捨てずに、ずっと持ち続けてきました」

MIKIKO NAGAI

アメリカの大学で4年間、デザインを学ぶ。大手建設会社に就職し、マンションの間取りやインテリア、外観などの設計に携わってきた。結婚して、息子がひとり。49歳のときに独立し、マノアデザイン（株）を起こす。

30代から白髪が出てきたが、染めたことは一度もない。「“ほったからしではなく、ちゃんと白髪を受け入れてこの状態なんです”とわかるよう、ヘアサロンにはまめに行きます」

シンプルな白や黒の服も グレイヘアなら軽やかに着こなせる

服の色は昔から白や黒が好き。「髪が多いので、黒髪で黒の服を着ると、重たい印象でした。グレイヘアになったら、以前よりも黒がしっくりくるようになった気がします」

GREY - 8

病気がきっかけだったけれど、今はこの髪の自分に満足

松橋さんは20代のころから白髪を染めてきた。ところが病気になって、やむをえず白髪染めをストップ。すると、思いがけず、新しい自分を発見。グレイヘア仲間、グレイヘアネットワークも手に入れた。現在は「今後、髪を染めることはもうない」と確信している。

松橋ゆかりさん

age: 53

以前はグレイヘアにするなら60歳以降と考えていた

「実は、レディー・ガガが告白した線維筋痛症と同じく原因不明の慢性疼痛におそわれたのが、白髪染めをやめた理由です。体の痛みで5分も同じ姿勢でいられない、後頭部に枕があたるだけでも痛い。そんな状態なので、美容院に行くことが難しくなったんです」

20代後半から顔まわりに出始めた白髪は、最初、ヘアマニキュアでカバーしていた。それでは追いつかなくなり、次にナチュラルヘナを。

「すると髪がオレンジ色になり、中学生の息子に『その髪で学校に来ないで』と言われてしまって（笑）。今度は、肌にやさしいという香草カラーで染めるようになりました」

しかし、2016年に慢性疼痛になり、家族の理解もあって、白髪染めをストップ。

「以前は、『グレイヘアは60歳を過ぎて孫ができたころに』と考えていました。現在は、『前倒しにしても全然OKだった』というのが率直な感想です。最近は体調もよくなってきたので、また染めるという選択もあります。だけど、この髪のほうが心が自由で解放された気分。『これが私』という感じなんです」

グレイヘアセミナーに参加したり、ブログでグレイヘア仲間とつながったり。新たなネットワークもできた。

「グレイヘアも長引く病気も、『私の人生の一部なんだ』と受け入れることが必要な気がします。体の痛みを早くゼロにしたいとあせると追いつめられてしまう。受け入れ、つき合っていく姿勢が大事なのかも。ただ、疲れた顔のときに鏡の中の自分にギョッとするのも事実（笑）。いきなりはむずかしいから、やはり少しずつですね」

職場復帰したら、経験を生かして、病に苦しむ人のための医療サポートシステムを作りたい。そんな夢も持つようになった松橋さんだ。

YUKARI MATSUHASHI

20代からシステムエンジニアの仕事を続けていた。2016年の春に慢性疼痛を発症し、現在、休職中。家族は夫と大学生の息子。ブログでグレイヘアや医療に関する意見、感想を発信している。

グレイヘアにしたら心が自由になって素直に「これが私」と思える

グレイヘアになって、明るい色のスカーフを身につけるようになった。「赤い服は以前から、よく着ていました。髪色が軽くなると、赤もやわらかい雰囲気で着こなせます」

サングラスは黒髪より今のほうが似合う。「髪質は細くてコシがありません。染め続けたら、髪が薄くなるかも。染めるのをやめたことで、髪も元気になったみたいです」

めざすはアンチエイジングではなく「グッドエイジング」です

子育てに追われておしゃれに無縁な日々を過ごし、気がついたときには50歳は目の前。そこで、グレイヘアを生かして、今の自分だからこそできるおしゃれを存分に楽しもうと考えた山本さん。そのアグレッシブなスタイルは、刺激的＆この上なく魅力的だ。

山本尚子さん

age: 56

人生このまま終わるのはイヤだ！と心が叫んだ

鮮やかなフラワープリントのジャージを着こなした山本さん。「私にはおしゃれの暗黒時代がある」というのが信じられないほどファッショナブルだ。

「30代から40代にかけては、体を壊したり子育てに追われたりで、髪はひっつめ、お化粧もしない。自分の外見は、ほったらかしでした」

気がついたのは、50歳目前。「このまま私は終わっていくのかと思ったら、それはイヤだ、なんとかしなければと、美容院に駆け込んだのです」

髪には白いものが、かなり混ざっていた。しかし、昔、おしゃれ染めをしたときに違和感しかなかったので、白髪染めをする気はなかった。

「私の白髪は髪の表面に多いタイプ。それを生かし、メッシュ入りに見える前衛的なボブにしました」

そのうち、習い始めたフラダンスのために、髪をのばしてロングに。今は、いつもこの夜会巻きスタイル。

「夜会巻きのように髪の流れがきわだつヘアスタイルを楽しめるのは、グレイヘアの特権。しかも、このヘアスタイルは、どんな服でもおしゃれに見せてくれる。着こなしのランクを上げてくれるんです」

NAOKO YAMAMOTO

愛知県在住の主婦。大学では美術を学んだ。ひとり娘が就職して独立。夫と二人暮らし。輸入ビーズやボタンの専門店を見て歩き、アクセサリー作りなども。

トップスはスポーツブランド・アディダスのジャージをブラウス感覚で着て。ボトムは、シンプルな黒のプリーツスカート。「こんな華やかなフラワープリントも、グレイヘアなら着こなせてしまうんです。旅先などで、ちょっとしたコスプレ感覚で楽しんでいます」

専用コームがあれば、誰でもできる夜会巻き

一見、むずかしそうな夜会巻き。しかし、専用のコームがあれば誰でもできる。「コームはネットで探して購入しました。どんなに不器用でも、これがあれば、あっという間にできあがります」

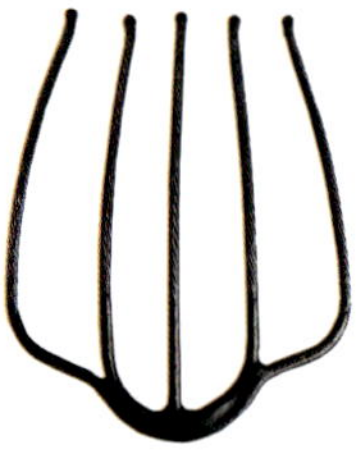

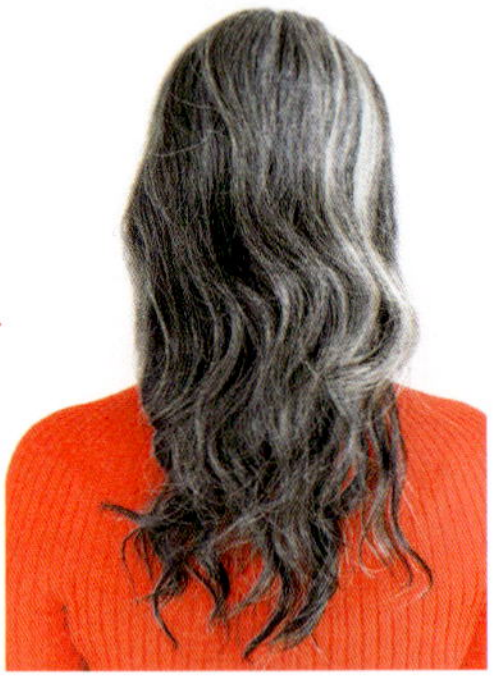

山本さんはストレートヘア。夜会巻きのクセがついて、ウェービーな髪になっている。

すべての髪を後ろにきれいになでつける。そして、えり足のあたりで1本にまとめる。

まとめた髪の根元を、片手でしっかり押さえる。もう一方の手で髪を上向きにねじる。

両手を使いながら、髪をねじり上げていく。髪がパラパラ落ちないように注意して。

両サイドの髪を巻き込むように強めに引っぱりながら、ねじり上げていく。

すべての髪がちゃんと巻き込まれているかを確認。毛先は、ねじれの中にしまい込む。

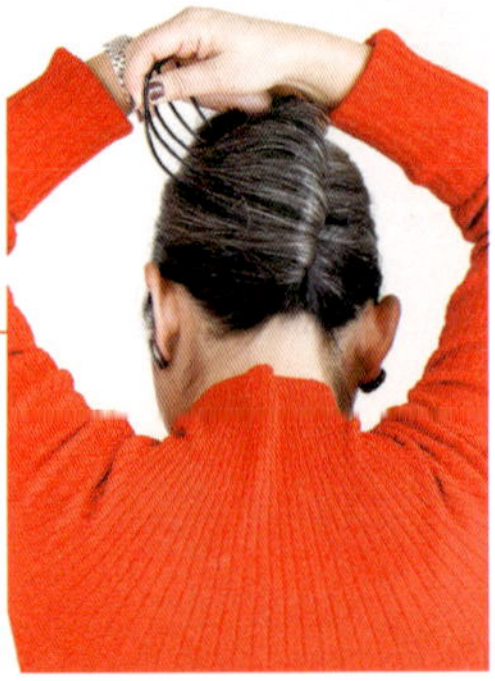

巻き込んだ髪がくずれないよう片手で押さえながら、専用コームを耳の上あたりにあてる。

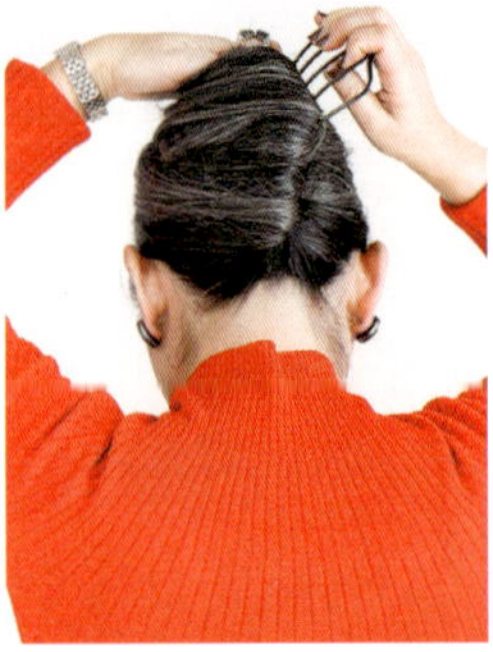

専用コームを、耳の上あたりからねじれの部分に向かって、髪をとかすようにすべらせる。

髪をとかすようにすべらせた専用コームを、そのままねじれ部分に横からさし込む。

「何度かやれば、すぐに慣れます。今では歩きながらでもできるようになりました」

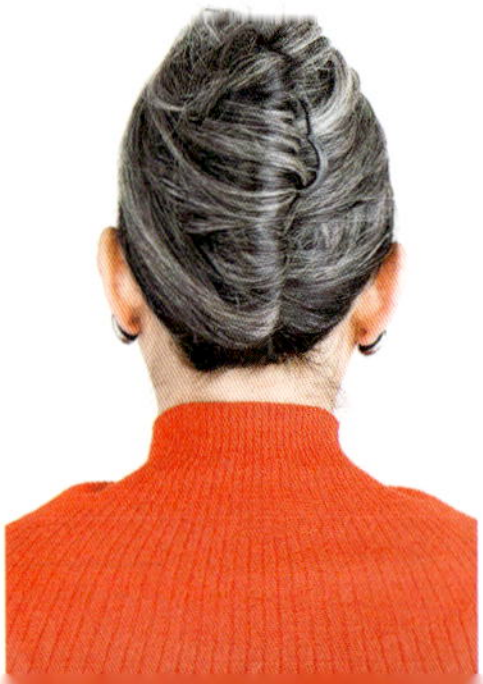

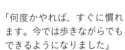

年を重ねるのは悪いことじゃない。むしろ、喜ぶべきこと。存分に楽しめばいい

夜会巻きは着こなしの格を上げてくれる。ファストファッションブランドのセーターでも、こんなにサマになる。「ピアスは、フランスのヴィンテージのボタンを自分で加工したものです」

装いがキマったら胸を張り「どう?」とドヤ顔で（笑）

グレイヘアになってから、赤やグリーンなどの服を着て「色で遊ぶ楽しさ」に目覚めた。自作のアクセサリーやバッグで個性の演出も。

「ただ、手作りのものって、実際に身につけるとおしゃれじゃなかったりしますよね。そこは常に厳しい目でチェックします。そして、コーディネートの仕上げに必要なのは、胸を張り『私、どう?』という気迫や姿勢。つまり〝ドヤ顔〟も必要かなと（笑）」

年齢を重ねることは決して悪いことではない。むしろ喜ぶべきこと。存分に楽しめばいいと考えている。

「アンチエイジングではなく、グッドエイジングで生きていきたいと思っています」

グレイヘアになりビビッドカラーを楽しむように。鮮やかなグリーンの薄手コートは春先に活躍。「服は主にセレクトショップで購入。赤いコートは、上質の生地を手に入れたので、職人さんに縫ってもらいました」

ピアス、ネックレスなどを手作り。たまにギャラリーを借りて作品展をするほどのセンスと腕前。バッグも、気に入った布を手に入れて制作する。「アクセサリーやバッグは、コーディネートの完成度を決めるので、納得のいくものを作ります」

Grey Hair Essay

成功するグレイヘアの秘訣

齋藤 薫
KAORU SAITO

美容ジャーナリスト、エッセイスト。女性誌編集者を経て独立。女性誌において多数の連載エッセイを持つほか、美容記事の企画、化粧品の開発・アドバイザー、NPO 法人日本ホリスティックビューティ協会理事など幅広く活躍。『Yahoo！ニュース「個人」』でコラムを執筆中。新刊『されど“男”は愛おしい』（講談社）ほか、『“一生美人”力 人生の質が高まる１０８の気づき』（朝日新聞出版）、『されど“服”で人生は変わる』（講談社）など著書多数。

最近、街を歩いていて気がつくと目で追っているのは、もっぱらグレイヘアの女性だったりする。自分自身がそういう年齢になったから？　もちろんそれもあるけれど、振り返ってみればグレイヘアの女性に目を奪われるのは、もっとずっと若い頃からだった。

自分がまだ20代の頃に、ホテルオークラのロビーで見かけた、本当に素敵なグレイヘアの女性の姿、今もまざまざ思い出す。美しいウェーブの流れまで、脳裏にしっかり刻まれているのは、自分でも驚くほど。その女性、年齢はおそらく50代前半くらい。当時ほとんど見かけなかった、見た目年齢と白髪の量のギャップにハッとしたのは確かだけれど、それ以上に、なんと美しいのだろう、なんとかっこいいのだろうと、心を動かされたからなのだ。

つまり、目を惹くのは昔から。単にトレンドになりつつあるからということでは無い。最近は、ようやくそういう見事なグレイヘアの女性が一気に増えて、街でもよく見かけることができるようになったというだけ。時代を問わず、グレイヘアに人を魅了する大変なパワーがあるのは確かなのだ。神秘的なまでのパワーが。

ヒッチコック映画の「めまい」を観たことがあるだろうか。ヒロインは、キム・ノヴァク。60年代を代表するグラマラスな美人女優で、ブロンドのヘアが印象的なゴージャスな人である。でもこの映画では、普段よりもっと白っぽい美しいプラチナブロンドの髪をアップにして登場するのだ。実はその髪色こそが、ストーリーの重要なカギとなっているから。プラチナブロンドの美しい女性に翻弄される男は、彼女が自殺した後、全く瓜二つの女性と出会うことになるのだが、彼女

の髪はブルーネット。愛した女性の面影を消すことができない男は、髪色をプラチナブロンドに染めて欲しいと、常軌を逸した要望を彼女にぶつけるのだ。

実はこのヒッチコック監督自身が、プラチナブロンドの女性に対して異常ともいえる執着を持っていたとも言われ、確かにヒッチコック作品のヒロインの多くが、白っぽいブロンド。監督が最も愛したと言われる「鳥」のヒロイン、ティッピ・ヘドレンも、グレイッシュなプラチナブロンドだった。

ヒッチコック監督のこうした〝プラチナブロンド・フェチ〟とも言える特異な嗜好は、監督自身を描いた映画の題材にもなったが、何か女性としても、この気持ちがわからないではないと言う不思議な感慨にとらわれる。

一般論として「男はみんなブロンドが好き」という言い方がある一方で、ブロンドの女はある意味ヴァンプ系のイメージがあるわけだが、グレイッシュなプラチナブロンドとなると、一気に知的なイメージに変わる。上品で、品格ある重厚なイメージとなる。黄色っぽいブロンドが、グレイッシュになるだけで、１８０度の違い。やはりグレイと言う色の持つ効果だろう。

ヒッチコック監督も、男性としてと言う以上に、天才的な映画監督の目で見て、グレイヘアが女性の魅力を最も際立たせる特別なものであることに気付いていたのだろう。だから

こそ、フェチ級のこだわりが、私たち女性にもわからないではないのである。

　これは、ブロンドからのグレイであろうと、白髪からのグレイだろうと、同じこと。ホワイトグレイと言う色が、女性の肌に美しく映えるとともに、人間の存在をとても高貴なものに見せるのだ。このグレイの力を生かさずに生きる手はないと思う。

　幸い私たちの髪は、放っておいてもグレイになる。歳をとればみんなグレイ。ただ本当に放っておいて良いのかと言えば、それはノー。グレイになるほどに、手間をかけ、スタイリングにこだわり、髪だけでなくファッションにこだわり、ともかく全身に神経を行き届かせないと成功しない。それだけは確かなのだ。言い換えれば、グレイヘアはそれ自体がおしゃれの一部。モードそのものであるのを、日々認識し直さなければいけないのだ。

　こう思ったことはないだろうか。日本人の黒髪には洋服が似合わない。何を着ても重たく見えてしまうと。例えばだけれど、淡いブルーやヌーディピンクの、シフォンっぽい素材のワンピースなどを着る時、あーもし髪の色が、グウィネス・パルトローみたいに白っぽいブロンドだったらと、ありえないことを悔しがったりした覚えがあるはずなのだ。

　逆に、リトルブラックドレスなど黒を着る時も、髪に黒いカチューシャなどをする時も、カトリーヌ・ドヌーヴみたいな白っぽいブロンドだったら、どんなにか洗練されて見えただろうと、それを羨ましく思ったりしたことがあるはずなのだ。

　もちろん黒髪には黒髪の良さがある。実は赤の服なんて、黒髪の方が美しく映えたりするのだから。それでも、一生に1回でいいからあの繊細な髪色になってみたいと思う人は少なくないはずなのだ。それが、自分自身のグレイヘアで叶うとしたらどうだろう。

　20代で見かけて以来、忘れられない存在となっている女性も、ブルーグレイのワンピースに同じブルーグレイのシフォンのロングスカーフを首にふわりと巻いていた。グレイの髪は思いっきりアシンメトリーなショートヘアだったが、全体にはっとするほどのボリュームがあって大変にゴージャス、大きな半円のブルーのイヤリングをしていた。

想像してみて欲しい。全くもって非の打ち所がないオシャレは、忘れようにも忘れられない。ただ改めて振り返ってみて思ったのは、その人がもしも黒髪だったら、普通のブラウンヘアだったら、そこまで記憶に残っていただろうか、ということ。いかにその人が素敵であっても、おそらくは、その日のうちに忘れてしまっただろう。忘れがたいのは、あくまでも、グレイヘアの精緻なインパクトなのだ。

正直を言えば、私はプラチナブロンドでしか出来ないオシャレをしたいが為にこそ、グレイヘアを目指したいと思っている。つまり、そこにネガティブ要素は何もない。むしろ積年のオシャレの夢を叶えるためのポジティブな気持ちばかり。早く、完璧なグレイになりたいと、目下その日を夢見ている。

ただ問題は、フルなグレイヘアになるまでの中途半端な時期をどう過ごすか。どっちつかずのゴマ塩的な時代は確かにあまり美しくないのだろうから。そこで私は、いわゆる髪染めを止め、今はカラートリートメントに切り替えている。白髪染めのようにきちんとは染まらないけれど、そのゆるいカラーリングが、次第に髪を明るくしていく上では、都合が良いように思えたから。

いずれにしても、50歳を過ぎたら、次第に顔よりも髪の方が重要になってくる。年々髪の大切さが増していって、70代を過ぎたら女はほぼ髪しだい。その時に、とことんモードな髪になっていたい。つまり、髪は派手なくらいでちょうどいいのだ。

そういう意味で、グレイヘアは極めて派手。派手だけれども、同時に十分に上品で知的である。だから、そうなる日を想像すると、なんだかワクワクする。少女の頃に、「大人になったらメイクができる、ハイヒールが履ける」とワクワクしたように。言い換えれば、歳をとるのももう怖くなくなっている。グレイヘアが大人の女の未来を変えたのだ。

歳を重ねるほど、街で誰も自分を見てくれなくなったのを寂しく感じていた人に言いたい。歳を重ねても重ねても、グレイヘアで完璧なオシャレをすれば、むしろ街で真っ先に目を惹くほど華やかな存在になれてしまうのだ。そんな未来が待っていたなんて、信じられるだろうか。

Grey hair beauty

グレイヘア だからこそ似合う ファッション& メイクがある

髪の毛に白いものが増えることで、「以前のようなおしゃれは、もう楽しめない。残念」と思っていませんか？　実は、グレイヘアだからこそ楽しめるファッションやメイクがあるのです。

そこで美の専門家に、グレイヘアをテーマにした誌上セミナーを開いてもらうことに。前向きにチャレンジして、これまでとは違う新しいおしゃれの世界、新しい自分を発見してください。

ビューティーアドバイス

監物裕子

美術大学を卒業後、グラフィックデザイナーに。ヘア＆メイクアップアーティスト新井健生氏のマネージャーを務める傍ら、ヘア＆メイクアップアドバイザーとして活動。パーソナルヘア＆メイクレッスン、和装ヘア＆メイクセミナー、ポートレート撮影会などを企画・開催。花本さん、新井氏らと開く、大人の女性の美しさをトータルに生かすセミナーが好評。白髪染めをやめて半年。

ファッションアドバイス

花本幸枝

（株）ワールドを経て、フリーランスでスタイリスト、ファッションコーディネーターとして幅広く活動中。「年齢を重ねることは素晴らしいことであるべき」という信念のもと、大人の女性たちのサポートに力を入れている。自身の体験も生かしたグレイヘアファッションのノウハウを同世代に提案するグレイヘアセミナーも開催。https://plusphilosophy.tokyo

私たちがグレイヘアのおしゃれにチャンレンジして、大変身します

グレイヘアを生かしたファッションやメイクに挑戦する４人の女性たちをご紹介

山中律子さん・45歳

何度か挫折を経験後、ようやく白髪染めをストップ

白髪が目立つようになった時期／中学生時代からあった白髪が、20代後半で一気に増えた。**挫折**／ずっと染めていたけれど、30代前半で「もうやめよう」と何度か挑戦。でも、染めていた黒髪と新たに出てきた白髪とのコントラストの激しさにショックを受けた。子どもの幼稚園の送り迎えで、ママ友の視線も気になり、挫折。**染めるのをやめた時期**／42歳のとき。子どもの小学校入学を機に決心。**移行期**／挫折体験を教訓に、トリートメントタイプの白髪染めを利用しながら、徐々に白髪に移行。**グレイヘアにしてよかったこと**／①「そろそろ染めなきゃ」「いつ染めよう？」と悩まなくてもよくなった。②老けて見えないよう姿勢をよくするため、ウォーキングを開始。活動的になった。③おしゃれにも気をつかうように。④白髪美人をめざすブログ（grayhair.tokyo）を始めた。

塚田景子さん・57歳

今、少しずつ白髪が増えていく自分の変化を楽しんでいます

染めるのをやめた時期／約１年前。**きっかけ**／３週間に一度の白髪染めが負担だった。あるインスタグラムでグレイヘアを生かしてグレージュカラーに染めた素敵なロングヘアの人を見て、「これだ！」と目標を見つけた。そして「息子の結婚式が終わったら、もう染めない」と宣言して実行。**周囲の反応**／家族は誰も反対しなかった。私の髪を見て慰めの言葉をかける知人もいるけれど、私自身は白髪がのびて変化していく自分の姿を楽しんでいる。すれ違った人に髪をチラッと見られても、しっかり視線を受け止めている。**新しい自分**／染めていたときは、生えぎわの白髪が目立つので、好きなまとめ髪ができなかった。今は、まとめ髪で白髪と黒髪のコントラストを楽しんでいる。**おしゃれの変化**／外出時は、ちゃんとアイメイクをして、大きめのピアスが定番に。

Grey Hair Challenge!

由理香さん・56歳

いくつになっても自分の髪を愛したいから

染めるのをやめた時期／52歳のとき。**やめた理由**／①染めると、ときどき頭皮がかゆくなる。②染めても2週間で白髪が目立ち始めるのがストレスだった。③母はずっと染め続けているせいか髪が全体的に薄くなり、育毛剤とウィッグを使用している。それを見て、危機感を覚えた。④会社に白髪で素敵な60代の女性がいる。⑤積極的にグレイヘアを選択した女性のブログに刺激を受けた。**周囲の反応**／家族はみんな肯定的。半年前、2年ぶりに帰省したら、友人たちには「かっこいい」「メッシュに染めたのかと思った」と好評だった。ただ、やはり地方は保守的なのか、年上の人には驚かれたり二度見されたり。「染めるのが当たり前」という意識が都会より強いんだなと実感した。**今後**／今はまだ中途半端なので、早く全体的に白くなるといいなと思っている。

小桐明美さん・48歳

アニバーサリーイヤーに前向きな気持ちで決断！

白髪が目立つようになった時期／30代後半。働いているコーヒーショップで、「お客様が私の白髪に注目しているんじゃないか」と過敏になり、根元が少しでも白くなると、すぐに染めていた。**染めるのをやめた時期**／年女になった昨年。「老化をひた隠しにして、周囲や自分に見栄を張りたくない。あるがままの私を受け入れよう。そして、なんでもやってみよう！　アニバーサリーイヤーだし」と、白髪染めをやめた。**周囲の反応**／夫も息子2人も「いいんじゃないの」。職場では、あえてオールバックに。「あら、素敵ね」とお客様に声をかけられたり。10代も同世代も年上も好意的に興味を持ってくれて、コミュニケーションがより豊かになった。**グレイヘアにしてよかったこと**／気持ちがオープンになったし、自分がハッピーだと、周囲もハッピーになるのだと気づいた。

ファッション編

STEP 1

キレイ色が派手に見えない、グレイヘアの上品マジック

ナチュラルカラーが好きな私

スカートを変えてみました

キレイ色の面積が大きい服にためらいのある人はボトムに注目。鮮やかなオレンジピンクもロングスカートなら抵抗なく着こなせる。「こんな色のロングスカートは初めて。グレイヘアによく合うのでびっくりです」（小桐）

イヤリング 8800円／ジェリクール　ブレスレット 2900円、細いブレスレット 1900円、中指リング 2900円、人さし指リング 1900円／以上スモールチェンジ高円寺店

私はよく女性たちに「髪を染めなければ、外人になれるんですよ」と言っています。つまり、グレイヘアになると、プラチナブロンドやグレイ系の髪を持つ欧米女性のようなおしゃれが楽しめるんです。これまで「うまく着こなせない」と思っていたキレイ色の服も、似合うようになります。それどころか、どんな色の服でも上品に見せてくれるのがグレイヘアの大きな魅力。ぜひ、色で冒険して新しいおしゃれを楽しんでください。（花本）

いつもモノトーンが多い私

はおりものを変えてみました

ブローチ各1万円、リング9000円／ともにジェリクール

黒髪に合わせると派手な印象を与えがちなローズ色のはおりもの。グレイヘアなら、こんなに女らしく気品のある仕上がりに。

「ふだん黒や白の服ばかり着ているので、とても新鮮です。顔が明るくなりますね」(塚田)

基本のグレイのワンピースにブルー系のニットやストールをコーディネート。こんな鮮やかな色を、センスよく着こなせるのもグレイヘアだから。

黒のカーディガンをはおったままキレイ色のストールをプラスしても、印象はグッと明るめに。ブローチをあしらい華やかさをアップ。

大胆バッグで遊ぶ

ワンランク上のカジュアルをめざすなら、遊び心のある小物使いにトライ。大きめのトートバッグは、「普通」や「無難」を避け、楽しい色とデザインのものを選ぶことで、個性のあるスタイルが完成。

巻きもので顔まわりを明るく

キレイ色の初心者は、まずスカーフから挑戦しても。ふわりと首元に巻くだけで、グッとイメージが変わる。今すぐ、クローゼットの中に眠っているたくさんのスカーフを見直すことをおすすめ。

スカーフの色や柄を「これは私には無理」と頭から決めつけず、鏡の前でチェック。鮮やかな色、多色使いのデザイン、大胆な柄のものでも、グレイヘアの今なら大丈夫かも。服とのバランスや結び方などを研究して、スカーフのおしゃれ上手に。

多色使いのヘアバンドも、実際に巻いてみると、思った以上にすんなりなじむ。先入観は捨てて、いろいろなデザインを試したい。「グレイヘアと黒髪の境目を、さりげなくカバーしてくれるのもうれしいです」（由理香）

ヘアバンドとの相性も good!

頭にヘアバンドやスカーフを巻くだけで、華やかさや個性のあるファッションに。たとえ思いきった色や柄のものでも、グレイヘアなら上品にマッチする。

ファッション編

STEP 2

華やかオーラは、インパクト小物でつくり出す

大人のおしゃれを楽しみたいなら、今の自分を客観的に見きわめた上で冒険すること。さらに、若づくりとは違う、大人ならではの「こなれ感」や「華やかさ」を演出する必要もあります。そこで欠かせないのが、色やデザインにインパクトを持った小物。遊び心のあるバッグ、肌や表情をイキイキと見せるスカーフやアクセサリー、グレイヘアだからこそ楽しめるヘアバンドなど、自分の個性を引き立てる小物を探してみましょう。（花本）

髪をすっきりまとめて、鮮やかな赤のイヤリングとネックレスを。すると、ご覧のように顔まわりが、パッと明るい雰囲気に。肌を白く見せてくれるのもうれしい。

イヤリング1万7000円、ネックレス8000円／ともにジェリクール

顔まわりに＋1で年齢－5

ビビッドカラーのネックレスは単品でも威力を発揮するけれど、2本使いにすると、さらにパワーアップ。相性のいい色を組み合わせ、 華やかオーラで顔まわりを彩りたい。

凝ったデザインのネックレスを身につけて、表情豊かなおしゃれを。Tシャツにデニムのようなカジュアルなスタイルに合わせると、より現代的でフレッシュな装いが生まれる。

（右）チェコビーズネックレス3万5000円、（左）ブルールーサイトネックレス1万2000円、グリーンルーサイトネックレス7000円／以上ジェリクール

ファッション編

STEP 3

光りものは「顔に大接近」がお約束

年を重ねると、誰にでも「くすみ」は出てきます。20代、30代当時のままのおしゃれでは、このくすみをカバーすることはできません。むしろ現在の問題点を浮き上がらせてしまうだけ。それを胆に銘じて対策を。まずは、外出時の着こなしにアクセサリーやジュエリーで「輝き」を添えます。その際は、できるだけ顔に近い位置にキラキラ感を加えることがカギ。ブローチやイヤリングをうまく活躍させてください。（花本）

スクエアブローチ 3万円、イヤリング1万円／ともにジェリクール

ネックレスにしたチェーンベルト1万8000円、ブローチ3万3000円／ともにジェリクール

コーディネートに光りものでキラキラ感を添えるときは、「顔に大接近」させるのが鉄則。ブローチなら、鎖骨のあたりに。胸元にとめてしまうと、効果も半減するし、やぼったくなる。

年齢からくる顔のくすみを払拭するために、輝きを持ったアクセサリーやジュエリーに注目。ネックレス、それからブローチを積極的に活用して。デザイン選びで自分らしさも演出。

これまで、あまりアクセサリーやジュエリーをつけてこなかった人も、グレイヘアになったら、おしゃれにとり入れて。小さくても存在感のある光りものは、コーディネートの格をアップし、大人の女性の華やかさをきわだたせる。

三日月ブローチとイヤリング2万7000円（セット）、花型パールイヤリング2万円、ガラスパールネックレス1万3000円、リング9000円／以上ジェリクール

グレイヘアにマッチする輝きは、ピカピカではなく上品な光沢感。なかでも、パールの落ち着いた艶やかさは、気品を引き出してくれる。また、ヴィンテージのアクセサリーも、私たち世代によくなじむことを覚えておさたい。

パール＆ロンデルネックレス1万9000円、パール＆ラインストーンブローチ1万9000円、お花のブローチ1万5000円／以上ジェリクール（長いネックレスはスタイリスト私物）

※ジェリクールのアクセサリーは、すべてヴィンテージ。価格は税込み。

ファッション編

STEP 4

白シャツも「くすみ」払拭のお役立ちアイテム

イヤリング1万9000円／ジェリクール

大人の女性の魅力を追求するなら、白シャツのVゾーンは深めに。そでもめくって、手首を見せる。「二つの首出し」が、全体をすっきり見せるコツ。
「こうすれば、ボリュームのある服も着こなせますね」（由理香）

グレイヘア世代は、ぜひ白シャツの着こなしをマスターしてください。もともと白シャツは、おしゃれの強い味方。コーディネートのどこかに「白」を入れると、全体がまとまりやすくなります。そして何より、白シャツは光を反射するレフ板効果を発揮するので、顔のくすみを飛ばし、明るくきれいに見せてくれるのです。グレイヘア＋白シャツ＋輝きのあるアクセサリーは、垢抜けた定番ファッションのひとつといえます。（花本）

シンプルな白シャツはネックレスしだいでまったく違う表情に。印象的な色やデザインのネックレスを、Vゾーンの内側か外側にあしらって。長さのあるものは縦のラインを作るので、スタイリングをさらにすっきり見せてくれる。

（左から2番目）ブローチ 9500円、大粒プラスティックネックレス 5800円、プラスティック6連ネックレス 3900円／以上ジェリクール

メイク編

STEP ①

赤いルージュが似合うお年ごろ

リップカラーも、これまでとは違った色に挑戦できるのがうれしいところ。髪がグレイの場合、ベージュ系を選ぶと顔がぼやけがちですが、鮮やかな色は上品&華やかにキマります。とくに似合うのがレッド。グレイヘアをさらに美しく見せてくれる、「自分の赤」を見つけてください。（監物）

顔を明るく見せてくれるレッド

明るい赤が肌の色を美しく見せてくれる。ややマット感があるのも特徴。まずルージュをリップブラシにとって輪郭を描いてから、中を塗りつぶして。

オーデイシャス リップスティック 9471 3700円／NARS JAPAN

深みのある鮮やかなロシアンレッドは、グレイヘア世代にぴったり。マットな仕上がりが期待できる。

リップスティック ロシアン レッド 3000円／M·A·C（メイクアップ アート コスメティックス）

「ローズレッド」と名づけられたルージュは落ち着いた濃いめの赤。うるおいのある使用感が大人の女性に人気。

アナ スイ リップスティックF F400 アナ ローズレッド 2800円／ANNA SUI COSMETICS

朱色に近いレッドが肌になじむ

日本人の肌によくマッチする朱色に近いレッド。シンプルな服やヘアスタイルの効果的なアクセントになってくれる。輪郭をとることも忘れないで。

ラッカールージュ RD413 3500円／資生堂

グレイヘアとの対比が鮮やか

少し朱色がかった濃いめのレッド。発色がよく、パッと目を引く色みでも、品格のある美しさが漂う。グレイヘアとの対比も、ご覧のようにきれい。

リップガラス ルビー ウー 2500円／M·A·C（メイクアップ アート コスメティックス）

目鼻立ちのはっきりした人に

やや赤みをおさえたレッド。最初に、指にとったルージュを軽くたたくようにして唇につける。そのあと、輪郭を筆でぼかしながら整えるのがコツ。

リップカラー ルージュ ルブタン 001S 1万3500円（税込）／クリスチャン ルブタン（化粧品）

左から、ゴールドパール入りのピーチピンク。シア感のある朱色系の赤。深みのある赤。発色のいいワインレッド。

（左から）リップグロス N1671、リップグロス N 1666 各3100円、サテンリップペンシル 9207、サテンリップペンシル 9206 各3200円／以上 NARS JAPAN

グリタリング（光り輝くよう）な発色のよさが魅力のビビッドな赤。肌のくすみをぬぐい去ってくれる鮮やかさ。

アナ スイ グリタリング リップグロス 400 ジュエル レッド 2200円／ANNA SUI COSMETICS

ややブラウンがかった濃いめのレッド。少し落ち着いた雰囲気に仕上げたいときに活躍してくれる。

ルージュ ルージュ RD555 3600円／資生堂

メイク編

STEP ②

内側から輝く肌と ほんのりチークで自然な若見え

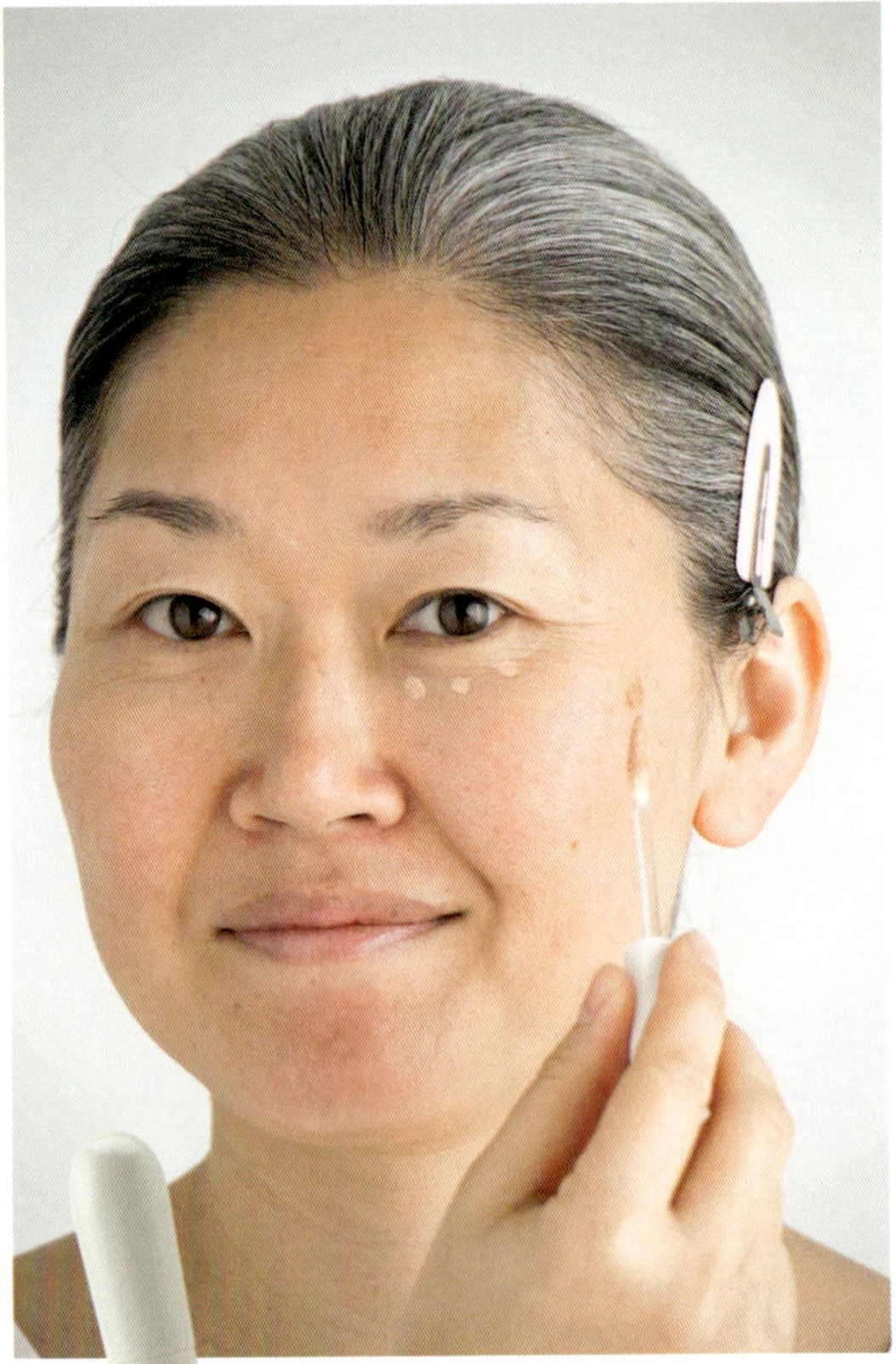

ファンデーションは ブラシで薄く

ファンデーションは、きめが細かく、光を反射させるパウダータイプを。ブラシを使うことでムラのない軽い仕上がり。くぼんだ部分も丁寧に。

塗った瞬間にしっとりするミネラルファンデーション。右のブラシでクルクルするほどに、ツヤと透明感がアップ。さらにフィニッシングパウダーでパールのような輝きを。

(左から) ミネラルベールL 3500円、オリジナルファンデーション(SPF15・PA++)3800円、ビューティフルフィニッシュブラシ 4200円／以上ベアミネラル

肌づくりの決め手は 丁寧なコンシーラー使い

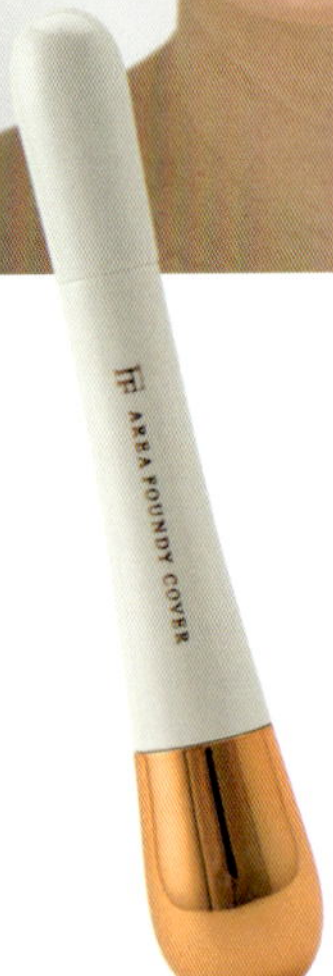

コンシーラーを的確に使えばファンデーションは薄くてもＯＫ。目立つシミやくすみなどは、３ステップのコンシーラー使いで、確実にカバー。

まず、目の下のくま、目のまわり、小鼻のワキ、口角などのくすみ部分は「面」でカバー。細かいパールの入ったコンシーラーをポンポンと肌にのせ(上の写真のように)、指や付属の筆でのばしながらなじませていく。

エリアファンディカバー（SPF28・PA++）2500円／フローフシ

さらに、気になるシミやくすみなどには「追いコンシーラー」を。面で塗った上から、ブライトニング効果のある肌色クリームを重ねづけ。

5インI BB クリームアイシャドウ（SPF15・PA++）3000円／ベアミネラル

完璧にシミやくすみ、くまを隠すために、仕上げのコンシーラーを。パレットの色をまぜることで、まわりの肌と同化する色を作り、気になる部分をカバーしつつ、自然に素肌になじませる。

クリエイティブコンシーラーEX（SPF25・PA+++）3500円／イプサ

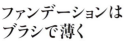

1 チーク
2 ハイライト
3 パーフェクティングカラー
4 シェーディング

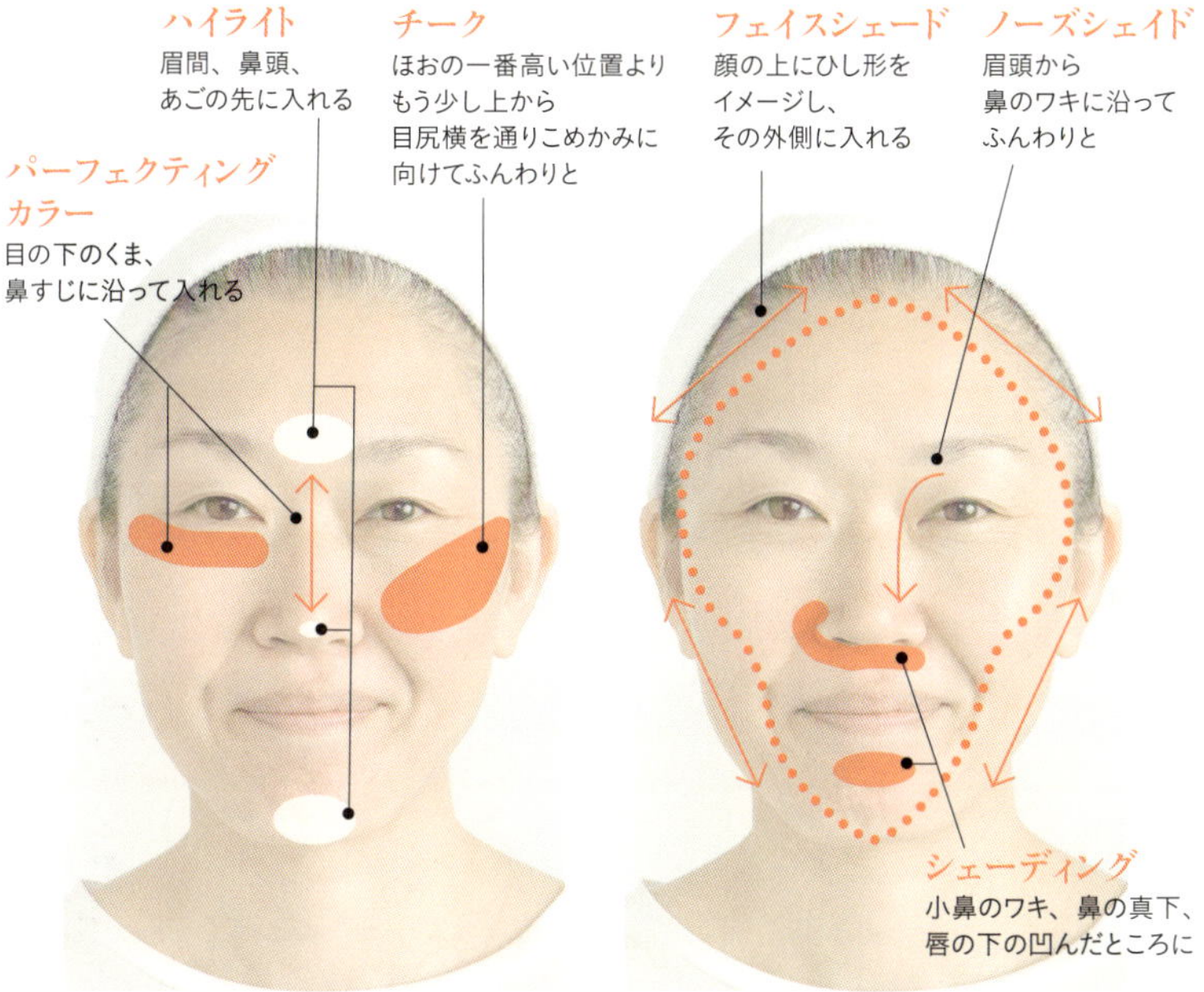
ハイライト
眉間、鼻頭、
あごの先に入れる
チーク
ほおの一番高い位置より
もう少し上から
目尻横を通りこめかみに
向けてふんわりと
パーフェクティング
カラー
目の下のくま、
鼻すじに沿って入れる
フェイスシェード
顔の上にひし形を
イメージし、
その外側に入れる
ノーズシェイド
眉頭から
鼻のワキに沿って
ふんわりと
シェーディング
小鼻のワキ、鼻の真下、
唇の下の凹んだところに

顔の高いところ、明るく見せたい部分に、パールの入ったハイライトやパーフェクティングカラーを入れる。チークはブラシを大きく使い、数回に分けてこめかみに向け、ふんわりと重ねづけする。

顔に陰影をつけ、立体感や小顔効果を。まず顔の上にひし形をイメージし、その外側に一番濃い色のシャドウ（影）を入れる。さらに、図のように顔の低い部分にも。なお、入れすぎには注意。ほとんど見えない程度に淡く入れて。

チークは
やや上の位置から

血色のいい自然な肌づくりに欠かせないのがチーク。リフトアップ効果をねらって、ほおの一番高い位置よりも、もう一段上から塗るのがポイント。

グレイヘアとのバランスを考えると、ベースメイクはツヤのあるナチュラルな肌づくりが必須。ファンデーションの厚塗りはNG。気になるシミやくすみはコンシーラーを駆使してカバーし、パウダータイプのファンデーションでサーッと薄づきに仕上げるのがコツ。立体感やリフトアップ&小顔効果などは、フェイスカラーを使って。チークで健康的なニュアンスを添えるのも忘れずに。（監物）

立体感と血色のよさを演出し、リフトアップや小顔効果を求めるなら、フェイスカラーパレットを持っていると便利。これは、透明感やきれいな発色、豊富な色展開が特徴。

デザイニングフェイスカラーパレット 101PK（全色レフィル対応）
5800円／イプサ

フェイスカラーパレットのチークカラーを活用。付属ブラシの長いほうの面を使い、ほおから目尻の横、こめかみへとつけていく。色みは自分の肌と相性のいいものを探して。

デザイニングフェイスカラーパレット 102PK（全色レフィル対応）
5800円／イプサ

メイク編

STEP 3

ここぞ！というときは目ヂカラで勝負

グレイヘア世代は、足し算のフルメイクではなく、引き算メイクでこそ、自然な美しさがきわだちます。ポイントはアイメイク。ここには手を抜かないで。やわらかいアイライナーを上まつ毛の内側に入れれば、アイシャドウいらずで、目ヂカラがアップします。さらに、まつ毛にはマスカラを。（監物）

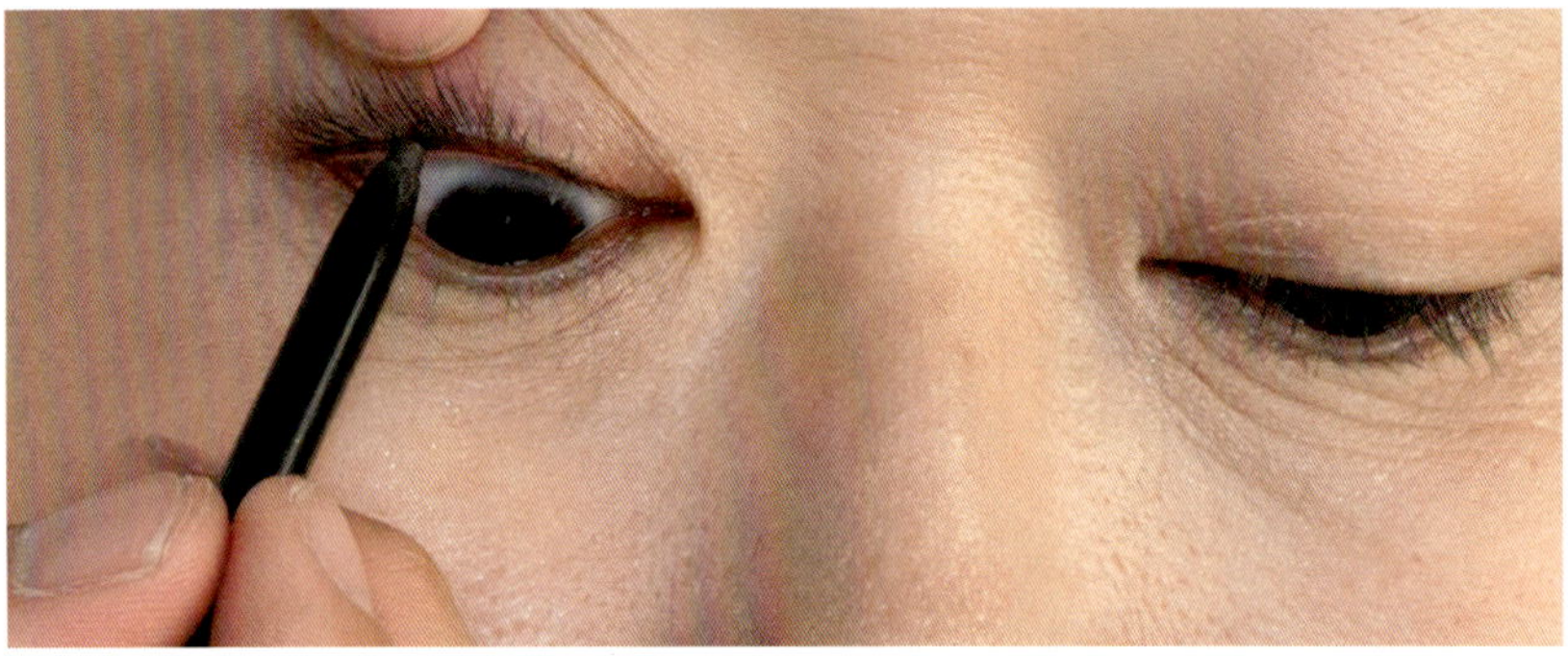

まつ毛の内側にアイラインを

アイラインは、上まつ毛の内側に入れる。それも、まつ毛のすき間を埋めるように。目尻の部分だけは少し上げ気味に描き、綿棒でなじませる。

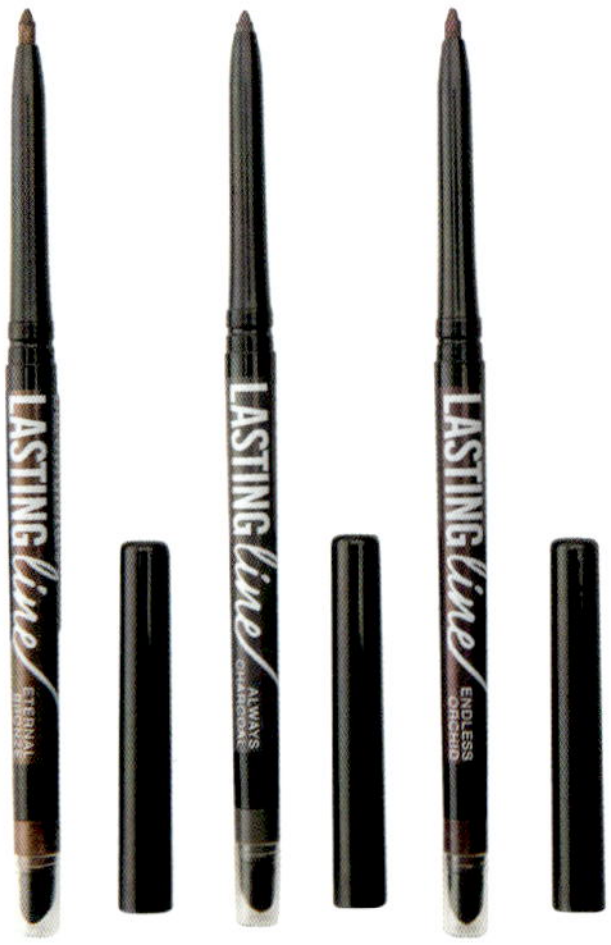

やわらかくて引きやすく、しかもにじまないアイライナーを使って。色は、グレイヘアに合わせ、ブラックではなくチャコールグレイやブラウン系を。

ラスティングラインロングウェアリングアイライナー（左から）エンドレスオーキッド、オールウェイズチャコール、エターナルブロンズ 各2500円／ベアミネラル

アイブロウもグレイ系、ブラウン系を選択。この眉用パレットの場合、全体にナチュラルブラウン（右上）を入れ、眉尻にダークブラウン（右下）、眉頭にライトベージュ（左上）を。そして、オレンジ（左下）を、全体にフワッとのせてニュアンスを出す。

アイブロウ クリエイティブパレット 4200円／イプサ

モテマスカラは、マイナスイオンを発生する美容成分のエンドミネラルを配合。まつ毛の長さ、ボリューム、カールだけでなく、まつ毛ケアも期待できる。

モテマスカラ ONE リフトアップ ブラウンブラック 2700円／フローフシ

マスカラは、皮脂や汗にもにじまず、カールのキープ力が強いものを。このモテマスカラは、ぬるま湯で簡単に落とせるのもうれしい。色はブラウン系が自然できれい。

モテマスカラ NATURAL3 1800円／フローフシ

マスカラを塗ったら、ホットビューラーを。まつ毛が途中で切れることなく、根元からしっかりアップ。コーム部分でとかし上げてカールを作り、そのまま3秒間キープして。

まつげくるん オープン価格／パナソニック

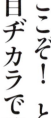

ヘア編

グレイヘアの命は ツヤとボリューム

ツヤやボリュームのないグレイヘアは、実年齢より老けた印象を与えます。ボリュームを出すには、根元を立たせるボディパーマをかけたり、スタイリングの際のひと手間が大事。ハイスペックな美容機器を使ってスタイリングすれば、ボリュームアップと同時にケアもできて一石二鳥。（監物）

はさんですべらせ 髪にツヤとうるおいを

髪がうるおい、表面のキューティクルが整うことで、輝くグレイヘアを実現。印象アップのために、スタイリングとともに加えたいひと手間。

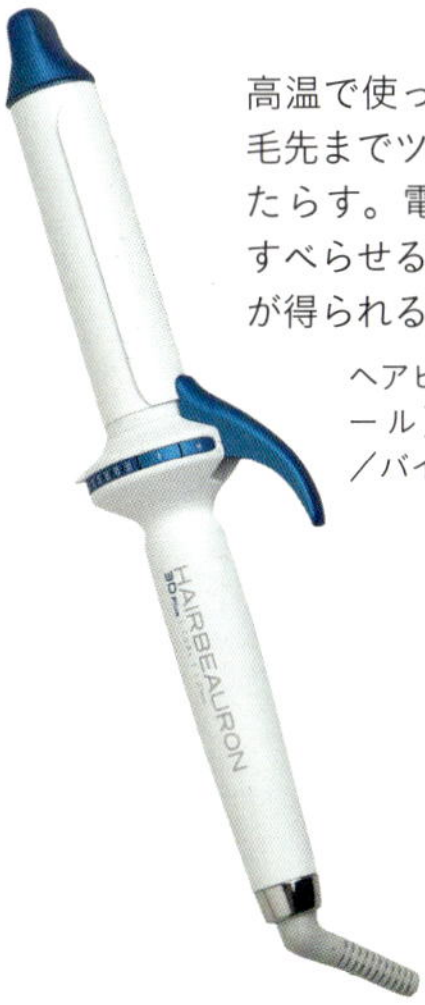

高温で使っても髪が傷まず、毛先までツヤとうるおいをもたらす。電源 OFF の状態ですべらせるだけでも美髪効果が得られる画期的美容機器。

ヘアビューロン 3D Plus［カール］L-type 3万5000円／バイオプログラミング

根元に風をあてて ボリュームアップ

年を重ねると髪の毛はやせて、ボリュームもダウン。そこで、スタイリングのとき、手で髪を頭皮から垂直に立たせ、その根元に風をあてるといい。

独自技術の効果により、風をあてるほど髪の内側からしっとりし、ハリとコシもアップ。髪そのものの質が上がると評判。

レプロナイザー 3D Plus 3万8000円／バイオプログラミング

※レプロナイザーとヘアビューロンは素の髪に使用。

ツヤとボリュームの両方を叶え、頭皮ケアもできる椿油が成分のヘアスプレー。シュッとひと吹きで、ドライヤーや紫外線などのダメージから髪を守り、必要な水分もキープしてくれる。

ヘアスプレー 140g 1200円／大島椿

紫外線から髪を守ってくれる、洗い流さないタイプのトリートメント。オーガニックシアバターや植物オイルなどの自然界由来の成分が髪にツヤやうるおいを与える。

サンケア プロテクト ヘアヴェール 100mℓ　3400円／アヴェダ

髪の毛を健やかに保ち、一本一本をコーティングして、うるおいのあるツヤ感を出す、超高圧処理のアルガンオイルを配合。シャンプー後にタオルドライした半乾きの髪に手でなじませて。

（左から）ルシードエル オイルトリートメント＃EXヘアオイル 60mℓ 1200円、ルシードエル オイルトリートメント＃EXヘアオイル エッセンスチャージ 58mℓ 1200円／ともにマンダム

プラチナヘアに励まされて今日も自分磨き

出版社で営業職に就いている河野さん。グレイヘアにした当初は周囲に驚かれたけれど、今は「個性」と認められるように。自分自身も、この髪によって、積み重ねてきたキャリアや年齢を、前向きに再確認できたし、これからを生きる力も湧いてきたと語る。

河野静代さん

age: 67

街ですれ違う女性たちも注目するグレイヘア

河野さんは、街で見知らぬ人に「どうすれば、そういう髪になれるんですか?」とよく質問されるという。

「聞かれたら、『染めなければいいんですよ。染めずに、パーマをかけると、こうなるの』と答えています」

30代半ばから頻繁に白髪染めをしていたら、やがて髪が枯れ草のようにカサカサに。ある日、触ったら、束になって切れた。

「それで怖くなって40代半ばに染めるのをやめたんです」

その後、のびかけの白髪をどうにかしなくては、と焦る中で思い出したのが、元SMAPの香取慎吾の姿だった。

「彼が貴重なヒントをくれたんです」

SHIZUYO KOHNO

山口県出身。
現在、東京の建築関係の出版社の営業職に従事。独身。
仕事場にも、今日のような自分らしいファッションで出かける。

おしゃれ度をアップしてくれる大人のカチューシャ。幅広で立体感があるので、華やかなボリュームが出せる。どんな頭にもフィットする、こだわりのハンドメイド。
／すべてラ・マジョリーナ

おしゃれを考えるのが楽しい。「以前、写真を習っていたとき、『大切なのは強調と省略』と先生。着こなしも、何を見せたいか何を隠すかが大事と思っています」

着物姿のときは、部分ウィッグをつけてアップスタイルに。「ウィッグは、浅草で見つけたかつら屋さんに注文して作ってもらったもの。1万円もしませんでした」

和装の後ろ姿にも気品のあるニュアンスが

発想を転換させたら白い髪の魅力が見えてきた

「テレビの中の慎吾くんは、黒髪に白のメッシュを入れ、躍動していました。白と黒の組み合わせって、こんなにかっこいいんだと気づき、私は自分の髪を白に黒のメッシュが入ったスタイルだと思うことにしたんです」

やがて白髪が増えてくると、自分の発想をさらに進化させた。白髪をシラガと読めば年寄りくさいイメージに。でも、「白い色の髪」と解釈すれば、イメージは変化し、おしゃれの幅も一気に広がる。

「たとえば、モノクロ写真のマリリン・モンローのブロンドは、白く見えても美しいし、決して白髪には見えない。『これだ!』とひらめきました。プラチナヘアだと思えばいいんだと」

周囲の人は、毛染めをやめて、突然現れた〝浦島花子〟に「どうしたの、その髪」と驚きの顔を見せたという。しかし、それも一時のこと。「これが彼女のスタイル」と認めてくれるのに時間はかからなかった。

「毛染めのストレスから解放された今、鏡に映る等身大の自分に大満足。そして、もっと素敵なプラチナヘアのスタイルはないものかと、探求しているところです」

もっと自分らしく、もっと魅力的に、と自分を磨き続ける河野さんだ。

馬油のシャンプーとコンディショナーを愛用。「洗髪後は、生乾きのときにアルガンオイルをつけ、そのまま自然乾燥させます」

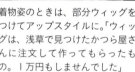

和服は洋服より、さらに楽しい。「それも、ドレスダウンの奥義がおもしろいんです。
今日は、白大島を街着にふさわしい着こなしでまとめてみました」

撮影協力／蓮月　rengetsu.net

自分が気に入り、似合っていれば髪は何色でもいいと思う

ベリーショートのグレイヘアがスタイリッシュな田畑さん。デザイナーとして、枠にとらわれない美意識を大切にしながら生きてきた。髪色も「このままがいい」と思ったから染めない。明確な意思のもとで行われた選択は、ご覧のように魅力的な結果につながっている。

田畑明子さん

age: 72

AKIKO TABATA

グラフィックデザイナーとして企業のPRや企画制作などに携わる。その後、生活空間の演出やテーブルコーディネート、生活雑貨のスタイリング提案を行う「空間生活デザイン室」を主宰。池袋コミュニティ・カレッジで、コラージュデザインの講師も務める。

アトリエの壁には、気に入って購入したもの、好きな作家から譲られた作品などをディスプレイ。「黒の簞笥は韓国のもので、50年以上前にひと目惚れして手に入れ、ずっと使い続けています」。上の写真は、自身のコラージュ作品。

いつもその時代の自分に似合う形を探して生きてきた

田畑さんが暮らすのは、白を基調にする洗練されたインテリアの部屋。

「自分が好きなもの、心地いいものを選べば、まったく違うテイストの家具や小物でも、きれいにまとまるのよ」

突きつめれば、美的空間をつくるために欠かせないのは、自分自身を知ること。

「私は子どものころから、人と同じということに興味がなかったし、決めつけられるのも大嫌いでした」

何より、既存の美意識の枠にガッチリはめ込まれるのが息苦しくてたまらなかった。

「ですからヘアスタイルも着るものも、その年齢、その年齢の自分に似合う形を探しながら生きてきたといえます」

30代のころ、好きな三宅一生の服ばかり着ていた。「それらを今も着ているのが自慢なの。
このニットも一生のプランテーションの服。グレイヘアにもマッチしているでしょう？」

たとえグレイの服を着ても、顔がぼやけないようにマスカラと赤い口紅は、しっかりつける。「髪は、後ろのほうにまだ黒髪が残っているのよね。そんな状態も楽しんでいます」

服の色はモノトーンが中心だが、もう少し髪が白くなったら、きれいな色も着るつもり。「これは何十年も愛用しているコート。若いときより今のほうが似合ってると思うわ」

廊下の壁には友人のテンペラ画を。床にはイランのソフレと呼ばれる布を敷いている。「好きなものは、いつも眺めていたいから」

白髪になっても一度も染めようと思ったことはなくて

「そういえば30代のころ、『白い髪っていいな』と、セミロングのボブに白のメッシュを入れていたの。ヘアアクセサリーのような感覚ね」

30代後半は、仕事も順調だったが、同時に結婚はどうするかなど考えることが多く、「複雑な年ごろだった」という。

「それで、初心に戻るつもりで髪をバサーッとショートにしたの。スタイルを決めるときは、ショートのバリエーションが多い男性のヘア見本なんかを見ながら、美容師さんと相談しました」

ショートヘアがすっかり気に入り、そのまま自分のスタイルとして定着し、やがて50代を迎えた。

「あるとき、美容師さんが、『髪に白いものが増えましたね』と言うので、よく見たら『あらら、うちの猫と同じ色だ』と（笑）。染めましょうかと聞くので、躊躇なく断った。私は、黒髪がベストとは思っていません。そして、『どうでもいい』のではなく、『似合えばなんでもいい』という主義。これからは、この色が私らしいかなと思ったから、一度も染めていません」

グレイヘアになってからは装いにひとつの法則が生まれた。服はモノトーンが中心で、メイクの際はマスカラをしっかりつける。そして、口紅は深紅。これが自分らしいグレイヘアのおしゃれの表現。

「この間、地下鉄で隣に座っていた高齢の男性に話しかけられたの。会話するうちに、『なんで髪を染めないんですか？』って聞くから、がっかりしちゃった。男性って頭がかたいというか、遅れているというか……」

実は前の晩、年下の友人が突然亡くなったと連絡が入り、大きなショックを受けた。

「人生には限りがあり、誰もが60歳を過ぎたあたりから、残り時間も見えてくる。いつまでも同じ場所にとどまっている場合じゃないんですよね」

黒髪がベストとは思えなくて……。私らしい色であればいいんです

「これでいく!」と決めたら あとは自信を持つこと

ウェーブのかかったグレイヘアとポリシーのある装いが魅力的。個性的なスタイルがきわだつ川﨑さんは、その人生もオリジナリティにあふれている。いつも、自分の心の声に正直に生きてきた。だから、今、グレイヘアであり、日々もこんなに充実している。

川﨑淳与さん

age: 80

ATSUYO KAWASAKI

ラッピングアドバイザーを経て、ギャラリーに勤務。1998年、南青山に「ギャラリーワッツ」をオープン。マンションの一室にあるギャラリーで紹介するのは、暮らしをハッピーにするような衣食住に関する作品。自分の感性で選んだ作家ものを展示している。

自分のギャラリーで紹介したアクセサリーを普段から身につけることに。このブローチとネックレスは、えんどうもみさん作。「髪はもとから量もツヤもあって、親に感謝です。パーマは4カ月に1回」

自分が好きなら 白い髪でもいいと思う

「50代で白髪が目立ち始めたとき何回か染めてみたんですよ。でも違和感があって、やっぱり自然じゃなかった。それで染めるのはやめました」

白髪染めが当たり前の時代だったけれど、「自分は白髪がイヤじゃなかった」から、ナチュラルに。川﨑さんは自分の感性を信じたのである。その姿勢は今も変わらない。「先日、片方を失くしたイヤリングが2つ手元にあったんです。どちらも大好きで同系色だったから、それをペアにして耳につけました。『自分が好きだから、いいんじゃないの』と。髪もアクセサリーも『これでいく!』と決めたら、あとは自信を持って堂々としていればいいと思うの」

右から、イヤリングは森本真由さん、リングは坂雅子さん、段ボール素材のブローチは小倉理都子さん、リングは藤田圭子さんの作品。

白髪は頭頂部から増えていった。「そこで、全体をソバージュにして、頭頂部でひとつに束ね、ふわっと落とすスタイルにしていた時期も。これは渡仏時の写真です」

グレイヘアは「自分探し」をしてきた証明書

川﨑さんがグレイヘアを選んだのは、「染める時間が惜しい」という理由もあった。

「結婚後は良妻賢母できましたが、子どもが手を離れたころから自分探しを始めました」

40代からギャラリーに勤め、60歳で独立。73歳のときには、ひとりで3カ月間のフランス暮らしに挑戦した。

「フランスに行ったのは、精神的に自立したかったから。日本にいると夫や周囲の人たちがカバーしてくれるので。でも、フランスで暮らしてみると、ひとりでは何もできなくて…。帰りの飛行機の中で、ふがいない自分が情けなくて、涙がとまりませんでした」

それでも帰国後は、一歩前に踏み出したいと思い、髪を切って自分を奮い立たせた。

以来、「自分はまだまだ」と頑張り続けている。

「昨年、80歳になったんですが、私は年齢を気に病んだことがありません。好きな詩に『若きはうるわし、年老いたるは なおうるわし』があり、『なおうるわし』をめざしたいなと。美しさは内面からくるので、日々、喜んだり悲しんだり怒ったりしながら、少しずつでも心のひだを増やしていきたいと思っています」

グレイヘアになり、はっきりした色も着るように。「最近はグリーンやイエローが多いですね。ロングベストは、うちのギャラリーのオリジナル」

ブレスレットはアンティーク。この眼鏡もデザインが気に入り愛用している。「現代は、『こうでなくてはいけない』というのがない、いい時代。もっと自分に自信を持っておしゃれしていいと思います。ファッションは元気の素、自分を励ましてくれるものですから」

若く見えるよりも「上手に年をとっている」と思われたい

さりげなくアップにしたグレイヘアが美しい。そして、センスを感じさせるアクセサリーと服選び。どのような美意識やこだわりが、現在の竹林さんをつくったのだろうか。感性を磨くために日ごろからやっていることは？　おしゃれになるためのヒントを話してもらった。

竹林和子さん

age: 75

アクセサリー使いで グレイヘアに 個性的な表情を

おしゃれな人々が行き交う表参道。その人ごみの中で、ひときわ目を引く美しいグレイヘアの持ち主が竹林さんだった。「私は普通の主婦だから……」とためらうのを、お願いして、話をしてもらうことに。

「祖母も母も、『髪を染めるのは健康によくない気がする』と、白くなったら白いままだったんです。だから私も一度も染めようは思わず、この髪色にまったく抵抗なく今日まできました」

ふわりと後ろでまとめるのが定番スタイル。髪は多くてかたいため、ヘアサロンに行くと時間がかかってしまう。このヘアスタイルなら行かなくてもすむのだと笑う。

「『バッサリ切ってパーマをかけたら10歳は若く見えるわよ』と言ってくれる知り合いもいます。でも、若く見えるよりも、『上手に年をとっている』と思われるほうがいいような気がして。それで、髪は染めないし、ヘアスタイルもこれなんです」

その自然なグレイヘアをセンスよく引き立てているのがファッション。身につけているものすべてに、こだわりが感じられる。

「ほかの人がしていないファッションを楽しみたいという思いがあります。それも、服以上にアクセサリーで存在感を出したい。外出すると、ハッとするような新鮮で個性のあるアクセサリーばかり探して求めます。今日も、表参道や青山のセレクトショップ、ギャラリーを、素敵なものはないかしらと見てまわっていました」

KAZUKO TAKEBAYASHI

横浜在住。結婚後、家庭第一に生きてきた。長男と長女は独立して、現在、夫と二人暮らし。美術館巡りが趣味で、華道のお稽古も長く続けている。1カ月のうち10日間ぐらいは、湯河原で温泉を堪能。

ブラウスのブルーグレイ色が髪にマッチ。「この色、大好きなんです。グレイヘアによく合うので、着ていると安心できるの」

髪は、まず両サイドをすくいあげて後頭部にピンでとめる。後ろの髪は上向きに三つ編みをして、バレッタで固定。「アクセサリーは作家の手による一点ものを探すのが楽しみです」

ユニークなデザインが気に入って購入したチュニックにイエローのスカーフを。「髪の色が明るくなったら、イエローが映えるんです」

コートやワイドパンツなどは自分で制作。「人とは違うものを着たいから、気に入った生地を見つけて好きなデザインで縫います」

差し色を意識しながらグレイヘアのおしゃれを楽しむ

センス磨きの機会はどこにでも転がっている

10代のころからおしゃれに興味があり、子育ての時期も子どもを寝かしつけてからミシンを踏んでいた。年齢を重ねてもセンス磨きは怠らない。

「テレビでコメンテーターやアナウンサーの服装を見て、『素敵なスカーフね。でも、この服にはもっと違う色のほうが合いそう』と、頭の中で勝手にコーディネートを変えたりしています（笑）」

美術館にはよく足を運ぶが美術に関心のある人のおしゃれは参考になることが多いという。もちろん絵画そのものからインスピレーションも。

「差し色の使い方なんて、とても勉強になります。私は最近、黄色を差し色に使うコーディネートに挑戦中です」

また、体や肌のために日ごろから食べ物のバランスには気をつけ、野菜や発酵食品を積極的にとっている。姿勢も大事だと思うので、肩を回したり、胸を開いたりの体操を欠かさない。日々を「なんとなく」ではなく、何ごとにも意識を持って過ごす……。そんな心がまえが、グレイヘアの美しい人をつくっているようだ。

グレイヘアは懸命に生きてきたあかし

専業主婦の吉岡さんは、背も高く、モデルかと思うような美貌とスタイル。明るい笑顔とやわらかい口調から、苦労知らずのマダムに見えるけれど……。実は、人並み以上に悲しみや絶望を経験。そのすべてを自分の心にしまい込み、今、ここにいる。

吉岡美保さん

age: 71

約2年前に染めるのをやめた。染めの残った部分と白髪との境目は、半年ごとのブリーチでぼかす処理を。そして現在、表面はほぼグレイヘアになっている。「ときどき髪の両サイドから編み込みヘアにすることもあります」

MIHO YOSHIOKA

横浜生まれ。地元で結婚し、専業主婦として家庭を守ってきた。料理や洋裁を楽しむ一方、「スポーツ吹矢」が趣味という一面も。一緒に暮らす孫娘たちの成長も楽しみのひとつ。スキンケアはシンプル。ハトムギ化粧水をたっぷり使う。

くすんだ印象にならなければいいんだと思って

「長年、白髪は美容院で染めてもらっていました。でも、2年前にひざを悪くして、椅子に長く座っているのが辛くなったんです。それで、染めるのはもうやめようかなと」

穏やかな口調で、そう語る吉岡さん。グレイヘアにすることに、まったく迷いはなかったという。

「"くすんだおばあさん"にならなければいいんだ、という思いでした。ですから、服の色には、以前より気をつかうように。鏡の前でいろいろ試してみたら、以前は着なかったピンク系が似合うことに気づいたり。逆に、グレイ、ベージュ、パープル系などは、くすんだおばあさんに見えるんですよね」

身長170cmで手足も長い吉岡さん。既製服は着丈、そで丈が短いため、着るものは自分で縫う。「生地の問屋街まで出かけたりします」

服に限らず手を動かして何かを作るのが好き。鏡の額部分も鎌倉彫で制作。「お雛さまは一刀彫の教室に通っていたときの作品です」

着ている服は、すべて生地を選んで、自分で縫ったもの

いくつもの試練を経験して今がある

吉岡さんは、19歳のときに14歳年上の包容力のある男性と結婚して家庭に入った。

「そのためか、娘に『ママは世間知らず』なんて言われるんです（笑）」

　結婚後は、二男一女に恵まれる。子どもたちの成長を喜び、その将来に思いを馳せ、老後は夫婦でヨーロッパ旅行に出かけようという話もしていたという。

「でも、人生には思いもかけないことが起こります」

　次男が車のひき逃げにあい、高校3年生の卒業式の日に息を引きとった。頼りにしていた夫は、吉岡さんが51歳のときに病気で死去。その翌年には、実父も病で倒れる。過度の悲しみやストレスで、自身の体にも異変が生じ、2度の心臓手術を経験した。

「そのあたりから白髪が増えた気がします。月日はたちましたが、あのころの悲しみや喪失感を忘れたことは一度もありません。ただ、どんなに辛くても、人は生きていかなくてはならない……。自分の環境も変わっていきますしね」

　3年前から、娘家族が同居を始めた。双子の孫娘の服を縫ったり、通っている小学校の話を聞いたりが楽しい。

「家族みんなの体のために、いつも和食中心でバランスのとれた食事を作るよう心がけています。おやつも手作りするし、市販品は添加物のチェックも欠かしません」

　孫娘たちは折り紙もｉＰａｄで学ぶような時代だが、本当の食の味は、ＩＴでは伝えられないのだ。

「私はやりたいことを見つけると、ひとりで出かけるようになりました。美術館にもひとりで行きます」

　いくつもの試練をくぐり抜けて、芯の強さを身につけ、暮らしの中の小さな幸せにも目を向けられるようになった吉岡さん。グレイヘアは、ひたむきに生きてきたあかしなのだ。

撮影協力／アスレージャポン元町中華街店　hasleyjapon.com

思いきったプリント柄のチュニック、黒のタートルも、もちろん自作。「最近、娘のアドバイスに耳を傾け、はっきりしたプリントの生地も選ぶようになりました」

この白いスーツも自分で縫ったもの。「はっきりした色の口紅や明るい色調のスカーフで、ポイントづくりをします。メガネ選びも大事ですよね」

髪色も生き方も「ナチュラル」をモットーに

北原さんは52歳のときに白髪染めをやめた。いったいどんな思いが背中を押したのだろう。そして、健康的で美しいグレイヘアをキープするために、実行していることは？　美容家の目から見た、肌とグレイヘアとの関係なども語ってもらった。

北原邦子さん
北原美顔院長
age: 64

肌にも頭皮にも余計な負担はかけない

老舗エステサロン「北原美顔」の院長を務める北原さん。確かな施術の腕と誠実な美容アドバイスが、多くの女性たちの信頼を得ている。その笑顔を縁どる髪は、ご覧のように明るいグレイ。

「お客様が、この髪をご覧になって、『私も染めるのをやめるわ』とおっしゃることもあります」

髪のカラーリングは、頭皮に負担がかかる。北原さんは少しでも負担を減らそうと、以前はヘナを使って白髪を黒く染めていた。ところが……。

「あるとき、頭皮がすごくかゆくなったんです。皮膚科医の弟に相談したら、これはかぶれだと。このままでは顔も腫れると忠告されました。ヘナが私に合わなかったようです。それで、12年前に染めるのをやめました。娘が高校を卒業して母親として学校に行くこともなくなったし、『もういいかな』と思いまして」

美容家として大切にしているのは清潔感のある美しさ。グレイヘアの人の肌がくすんでいると、全体的に沈んだ印象になり清潔感もなくなる。髪がグレイになったら、ハリのあるみずみずしい肌が、いっそう必要だと感じている。

「健やかな肌を育てるには、余計なものをつけないことが重要。それは顔も頭皮も同じなんです。正しいケアをすれば、肌は応えてくれます。私は若いころ、サーフィンやゴルフでシミだらけのガングロ肌でした。でも、北原式の冷水洗顔などで肌の自己再生力を促し、食事や睡眠といった生活習慣を整えたら、肌は驚くほど改善されました。60歳になっても、70歳、80歳になっても、肌や頭皮、髪は心がけしだいで美しくなるんです」

KUNIKO KITAHARA
美容サロン「北原美顔」は、祖父が開業し、創業100年を越える歴史を持つ。その3代目院長、さらに日本化粧品株式会社の6代目代表取締役社長を務めている。これまで、10万人以上の肌を美しくしてきた実績が。著書に『北原式 一生美肌メソッド』（大和出版）もある。

髪がグレイになったら
ハリのある、みずみずしい肌は欠かせない

少しクセのある髪にパーマをかけ、仕事中も顔にかからないようにしている。「先日、プロのヘア＆メイクの方に、しっかりした健康的な髪だと褒めていただきうれしかったです」

グレイヘアは新たなスタートを切ったサイン

体が健康であれば、気持ちにも余裕が出てくる。「すると、自分の周囲の世界もうまく回るようになり、生きやすくなるようです」

グレイヘアとともに第二の人生を

北原さんは3人きょうだいの真ん中で育った。

「姉は優等生で、弟も出来がいい。私は落ちこぼれだったんです。そんな自分が家族の役に立てることは何かなと、よく考えていました。そして、家の中の雰囲気がちょっと暗いときは、おいしいお料理を作って出したり、緊張してる人がいたら、面白い話をして笑わせたり。すると空気がガラリと変わったんです。私は、潤滑油みたいな存在になろうと思いました」

幼いころから動物が好きで、将来の夢は獣医になること。しかし、両親の希望を受け入れて、家業をもり立てるため、美容の世界に進んだ。

「さまざまなお客様にお会いして、お話しすることは、とても刺激を受けますし勉強にもなります。施術後に喜んでいただけると、私もうれしいです。心の栄養をたくさんいただけるので、このお仕事に就いて本当によかったと思うようになったんですよ」

とはいえ、仕事と家庭の両立は簡単ではなかった。

「2人の子どもが小さい時期は、大変でした。終業後に弟子たちのレッスンをして、帰宅するのは夜の11時過ぎということも珍しくありません。もちろん、子どもたちはもう眠っています。私は台所で立ってごはんを食べながら、次の日のお弁当と夕食の用意をしました。とにかく、がむしゃらに、めいっぱい働いたという記憶があります」

大変だったけれど、そういう時期があったから、今の自分がいるのだと思っている。

「うちのスタッフにも、働きながら子育てしている女性は何人もいます。最近、家庭を支えているのは女性だし、女性がしっかりしないと世の中もうまく回っていかないんだなと改めて思っています」

だから、できるだけ多くの女性たちを応援したい。

「今や、私たちは100歳まで生きる時代になりました。子育てが一段落すると、奮起する女性も多いですよね。50歳を過ぎたら、そこからがまた新しい人生と考えて、それこそ髪色も生き方もナチュラルに、自分らしく楽しめばいいと思うんです。本気で何かを始めれば、何歳になっても新たな芽は出てきます」

女性たちがグレイヘアにすることは、第二の人生に向けて新たなスタートを切ったサインなのだといえる。

グレイヘアと着物は相性がいい。「大切な席には和装で出席します。着物は白っぽくて明るめの色が好きなんですが、グレイヘアになってからは、濃い色も着るようになりました」

正しいケアで髪も肌も若々しく

美しいグレイヘアをキープするためには、それなりのケアが欠かせない。

「頭皮も顔の延長です。髪がキシキシするような強力な界面活性剤入りのシャンプーを使うと、当然、頭皮も傷む心配が。さっぱり洗えるけれど、頭皮のうるおいも適度に残すようなシャンプーを使うことにしています」

洗うときは、できるだけぬるめのお湯で予洗いして、髪全体の汚れを軽く落とす。次にシャンプーをつけて頭皮を洗う。このとき、指の腹で毛根を洗うように地肌をマッサージしながらシャンプーを。毛先まで泡をゆきわたらせたら、最後によく洗い流す。

「リンスやコンディショナーは地肌につけないことがポイントです。これらは髪をコーティングするものですから、地肌につけると、毛穴にフタをしてしまうことに。頭皮が荒れて、抜け毛の原因にもなります。地肌から2㎝浮かせたあたりから、つけるのが正解です」

正しいシャンプーや地肌マッサージによって頭皮が健康で血行もいい状態だと、元気な髪の毛が育ってくるという。

「それから、体が内側から健やかならば、肌も頭皮も健やか。バランスのいい食事は欠かせません。私は和食中心で、のりや海藻をよく食べるのも、髪のためになっているようです。あとは、笑うことですね。笑うことで、気持ちも肌もイキイキします」

グレイヘアには笑顔がよく似合う。それは北原さん自身が証明している。

北原邦子のインナービューティーレシピ

オニオンスライスのおかかのせ

1　玉ねぎ1/2個を薄切りにしたら、水にさらして辛みを抜く。
2　1の水けをきり、ボウルに移す。これをしょうゆとマヨネーズであえる。
3　器に盛りつけたら、かつおの削り節をのせる。

かつお節には、疲労回復を期待できるビタミンB_1がたっぷり。一方、玉ねぎは、血液をサラサラにして、ビタミンB_1の吸収をよくする。この2つを組み合わせれば、疲れがとれて、肌色も明るくクリアになる。

アボカドとマグロのあえもの

1　アボカドとマグロをひと口大に切る。
2　1をオリーブオイル、バルサミコ酢、にんにく、しょうゆ、わさび、塩、こしょうでよくあえる。

アボカドは、血中コレステロールや中性脂肪の調整をサポートする不飽和脂肪酸、ビタミンB_2、ビタミンE、食物繊維などが豊富。そのため、最も栄養価の高い果実といわれる。「アボカドとマグロのあえもの」は、わさびがアクセントの一品。バルサミコ酢のおかげで、あと味もさっぱり。お酒にも合うし、ごはんにのせてもGOOD。

肌も頭皮も ちゃんとお手入れすれば 必ず応えてくれる

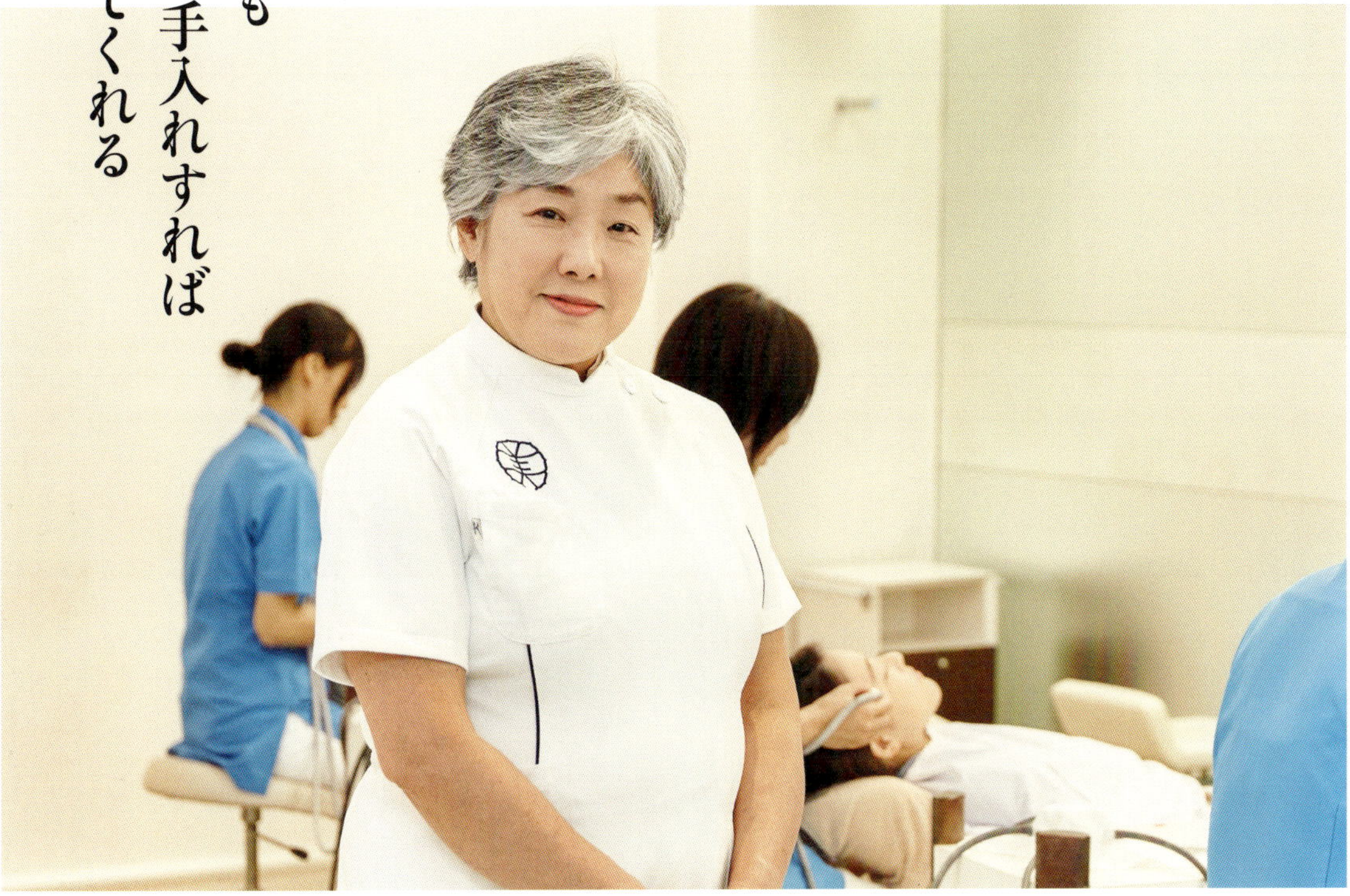

東京・御茶ノ水にあるサロンでは、オリジナルのマッサージ機を使った施術が行われている。「何歳になっても、美しくありたいという気持ちは大切。夢や希望は人生の支えです」

健やかな髪と肌のために

シャンプーと合わせて使いたいコンディショナー。髪に適度なハリとコシを与え、なめらかで、うるおいのある髪に導いてくれる。
北原コンディショナー 300ml 2500円／日本化粧品

地肌にやさしく、髪と毛穴の奥の汚れまですっきりと洗い上げるシャンプー。子どもや、デリケートな地肌の人でも安心して使える。
北原シャンプー 300ml 2500円／日本化粧品

「美肌への近道は正しい洗顔」が北原美顔の考え方。オリジナル石鹸は、汚れを落とし肌の代謝を促す弱アルカリ性。しかも無添加。
北原石鹸N＋ 80g 2000円、オリジナル石鹸ケース 500円／日本化粧品

ドキュメント
“白髪育て”の1年間

朝倉真弓　ライター　age: 46

27年間、300回以上。18歳から45歳まで白髪を染め続けてきた。白髪染めに振り回される人生に嫌気のさした私が、グレイヘアに生まれ変わるまでの1年間、白髪と心を育て続けた記録。

MAYUMI ASAKURA
1999年にフリーランスライターとして独立。

一般誌やビジネス誌、ウェブサイトなどで取材・執筆を手がける。

著書に『闘う敬語』（プレジデント社）、『逃げたい娘　諦めない母』（幻冬舎）など。

グレイヘアブログ https://ameblo.jp/sails-sails　ホームページ https://asakuramayumi.com/

イヤリング 4000円（税込）／marina JEWELRY

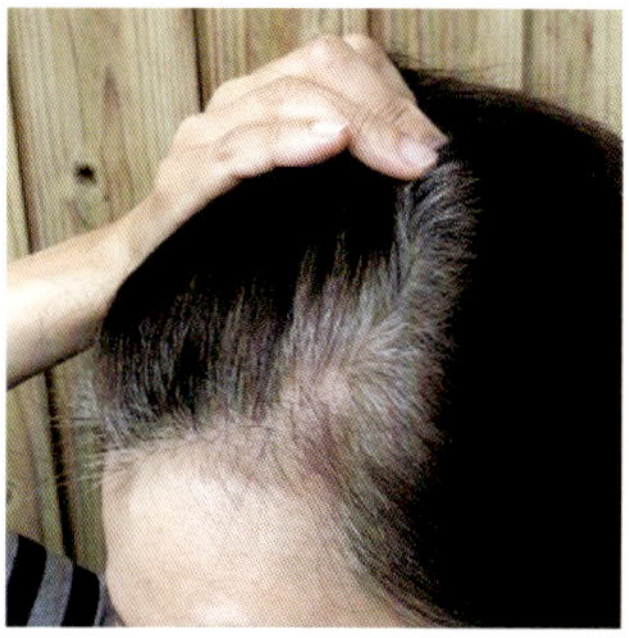

2016年9月

黒と白のせめぎあいに嫌気

2016年8月13日にホームカラーをしてから1カ月。もう白髪染めに人生を左右されたくなかった。とはいえ、白髪の全体量がわからず、不安だった。

2016年9月

20年ぶりに前髪を上げる

白髪染め時代は、人工的な色に染まった生えぎわが恥ずかしかったおでこ。白髪を生かしつつ全体の髪色を明るくしたら、おでこ全開の髪型もできるように。

2016年11月

帽子は白髪育ての必需品

全体をブリーチすると髪の色がかなり明るくなるため、白髪が目立ちにくい。それでものびた白髪が気になってきたら、帽子のおしゃれを楽しむチャンス。

辛い白髪染めから逃れたい！ その一心でスタート

白髪は染めるべきだなんて、誰が決めたんだろう？ 私はなぜ、自分本来の髪色を忌み嫌っているんだろう？

10代から若白髪に悩まされてきた私にとって、白髪染めは面倒で辛い〝義務〟だった。頭皮にしみる薬剤を塗られ、しばらくの間、痛みをこらえる。そんな辛い時間を乗り越えたのに、数日後には根元に白いものが顔を出す。すくすくと育つ白髪が気になって、人と会っている間も落ち着かない。

白髪染めに振り回される人生なんてうんざりだ！ そう思った私は、白髪も個性として尊重してくれる美容師さんに出会えたのを機に、2016年9月から〝白髪育て〟を始めた。

最初に髪全体をブリーチした理由。それは、育ってきた白髪が目立たないという実用的な理由に加え、「これから私は世間の常識と闘います」という意思表示をしたかったから。

そんな覚悟を背負った髪色なのに、「すごい色だね！」と言われるたび、あいまいな笑顔で逃げていた。一方で、髪に視線をやるのに何も言ってくれない相手に対しては、不安だけがふくらんでいった。

何かを言われても辛いし、言われなくても不安。白髪育てをスタートさせたばかりの私は、髪色は個性的なのに、気持ちは常識的なままで固まっていた。

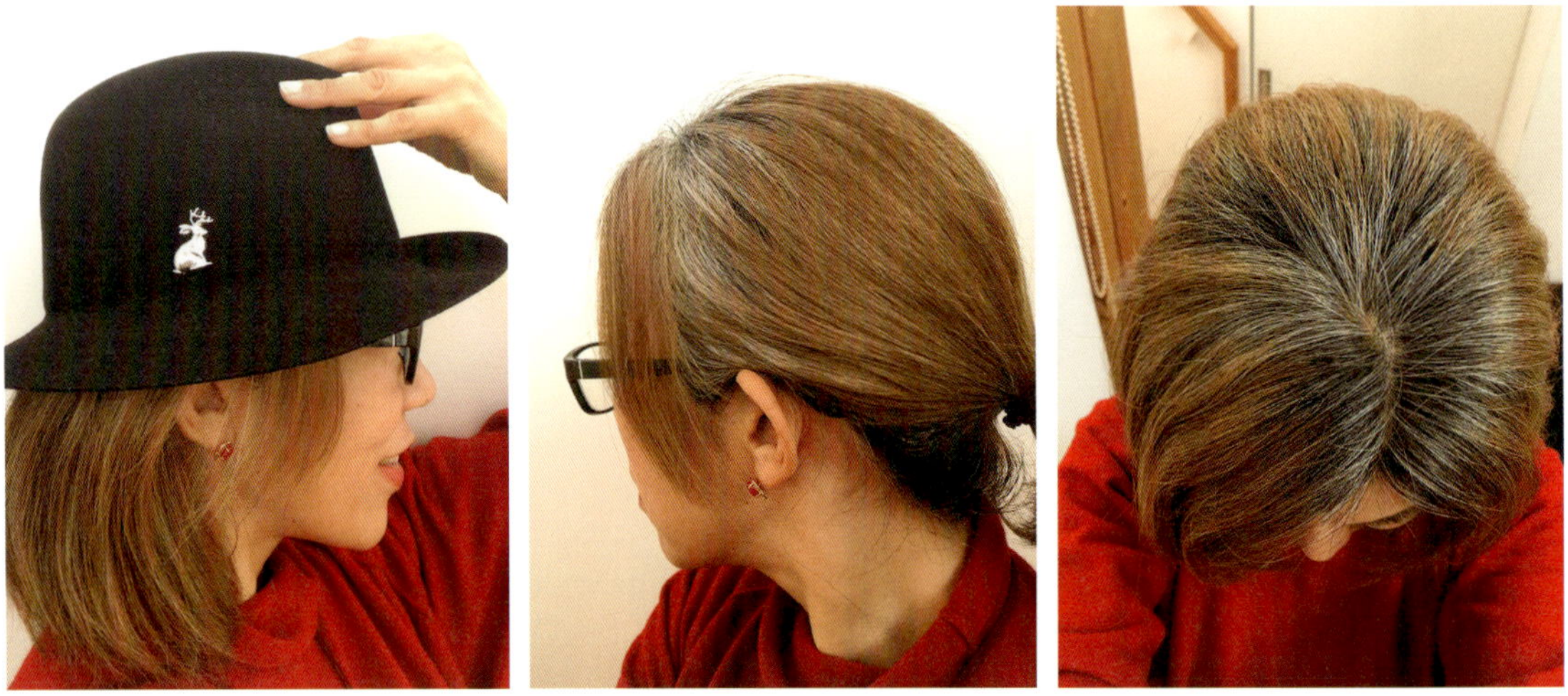

2016年12月

3カ月目ごろは人目との闘い

どんなアレンジをしても白髪が気になって仕方なかった時期。エスカレーター、風の強い街中、いつでもどこでも人の視線が痛い。髪を下ろしても結んでも気になる生えぎわを隠すべく、クリスマスに購入した帽子が大活躍した。

白髪を育て始めて1〜2カ月目。このころから、白髪になっていく過程や心の葛藤をブログに綴り始める。

白髪染めをやめたい誰かの役に立つことを願って書き始めた気持ちに嘘はない。でも、今考えると、「白髪もいいね」と言ってくれる誰かを探したかっただけのような気もする。そのぐらい、自分に自信が持てなかった。

そんな私にとって最初の試練は、親戚一同の視線だった。

年末に行われた法事には、遠縁の親戚も集まる。帽子をかぶって参列するわけにもいかず、さて、どうしたものかと思案。ネットショップでウィッグを検索するが、試着もせずに買う勇気はない。

結局、金髪のまとめ髪で参加した法事では、ほぼ誰とも会話をせず、笑顔を顔にはりつけたままやりすごしていた。

やがて年始を迎え、さらに私の心を揺さぶったのは、写真つきの年賀状だ。

同級生、先輩、後輩。年賀状に写る私の知り合いに、誰一人グレイヘアはいない。考えてみれば当たり前で、むしろ写真を撮るにあたり、髪を染め直した人だっているはずだ。

彼女たちが普通。彼女たちが常識。45歳にして白髪染めをやめた私は、常識はずれ。

十分に覚悟して白髪を育て始めたはずなのに、なんだかひとりぼっちな気分になった。

そんな私を救ってくれたのは、ブログ仲間の声だ。

「私も白髪染めをやめて○カ月目です」「白髪になった人じゃなくて、白髪にした人になりましょう！」

直接会うことはなくても、日本のどこかに同じ思いの人がいる。そう考えるだけで、気持ちが少し温かくなった。

染めたほうがラク？
弱った心に追い打ちをかける魔の3～4カ月目

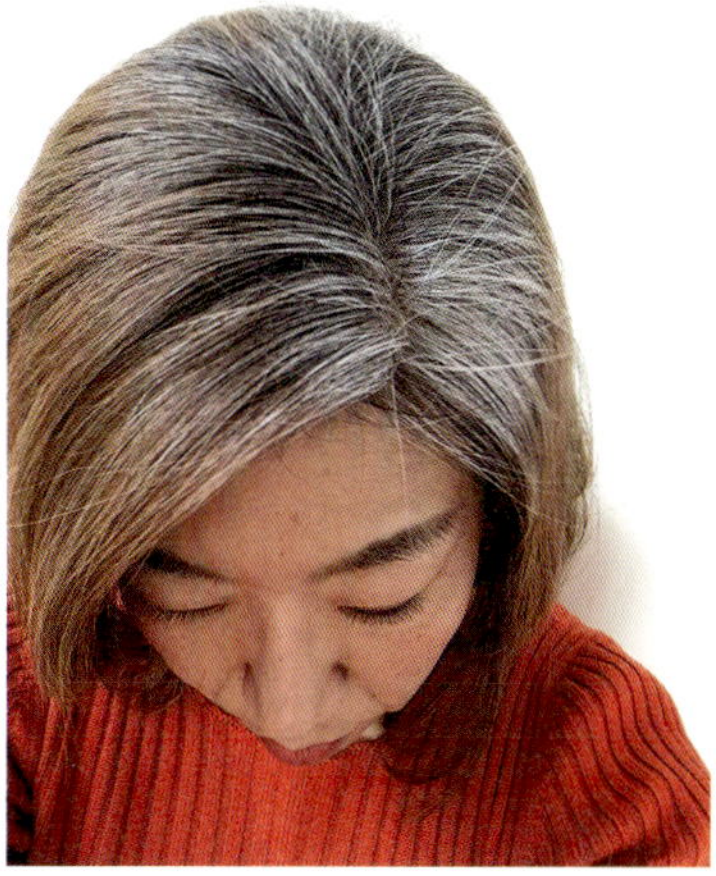

2017年1月

ボブスタイルにした4カ月目

髪の分け目によって白髪の量に差があることを発見。あえて白い部分で分けてバッサリと切る。染毛部分が床に落ちていくたびに、気分も晴れやかに。大量に落ちた髪には、完全な白髪もちらほら。内側の短い髪は、ほぼグレイになった。

白髪育て4カ月目。長い髪をバッサリと切り、うなじのあたりはすべてグレイヘアに。「人目に負けない」という強い気持ちも、白髪とともに育ってきた。

とはいえ、心が折れる瞬間もある。それは、普通に染めていて、普通に若く見える人たちと同席する瞬間。とりわけ同窓会など、昔の自分と縁の深かった人たちと会う際には、「染めたらラクかも……」という気持ちが頭をもたげる。

実は4カ月目のころ、学生時代の仲間で集まろうという話の盛り上がりを横目に見つつ、私は参加できなかった。

さかのぼること数カ月前、まだきっちりと染めていた私は、20数年ぶりに仲間と再会。そのときに同席したのが、学生時代の元カレだ。今さらどうのという下心はこれっぽっちもないけれど、どうせなら「今も悪くない」と思わせたい！　その願いどおり、元カレに「変わらないね」と言われた私だからこそ、中途半端な白髪を見せるわけにはいかなかった。

じゃあ、いつなら仲間に再会できるのか？　グレイヘアに生まれ変わった今なら？

そこは正直、自信を持って「YES」とは言いがたい。やはりどこかで、染めない後ろめたさを感じる瞬間もある。

乙女心……いや、元乙女の心は、揺れに揺れている。

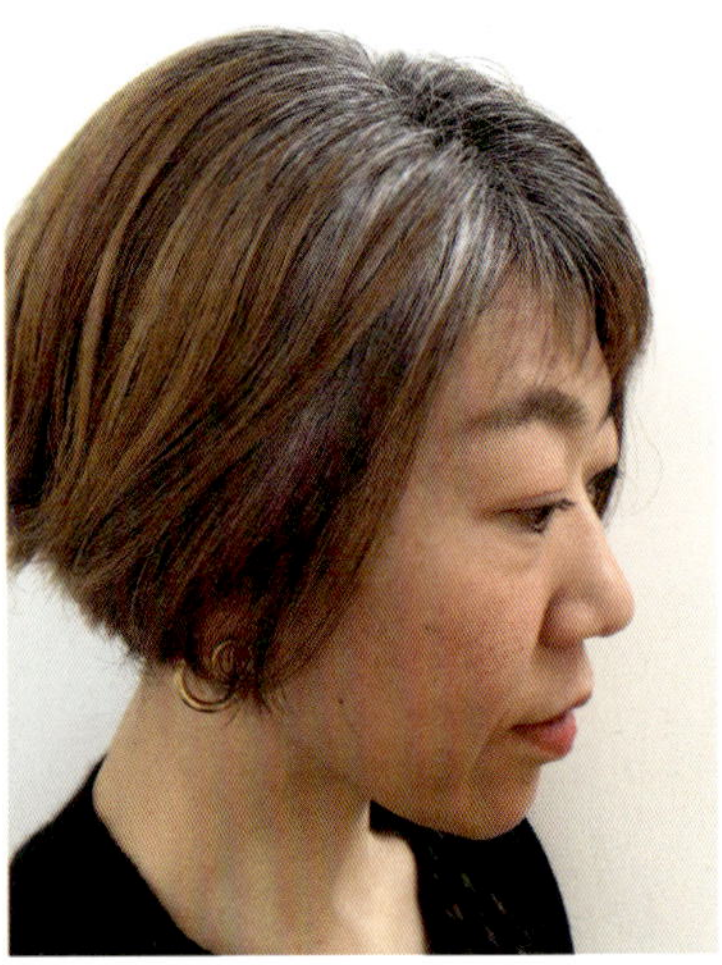

2017年1月

ヘアマニキュアで遊ぶ

ボブスタイルにしたときに入れてもらった、ピンク色のヘアマニキュア。ズボラなのではない、あえて白髪を育てているのだという小さな自己主張。

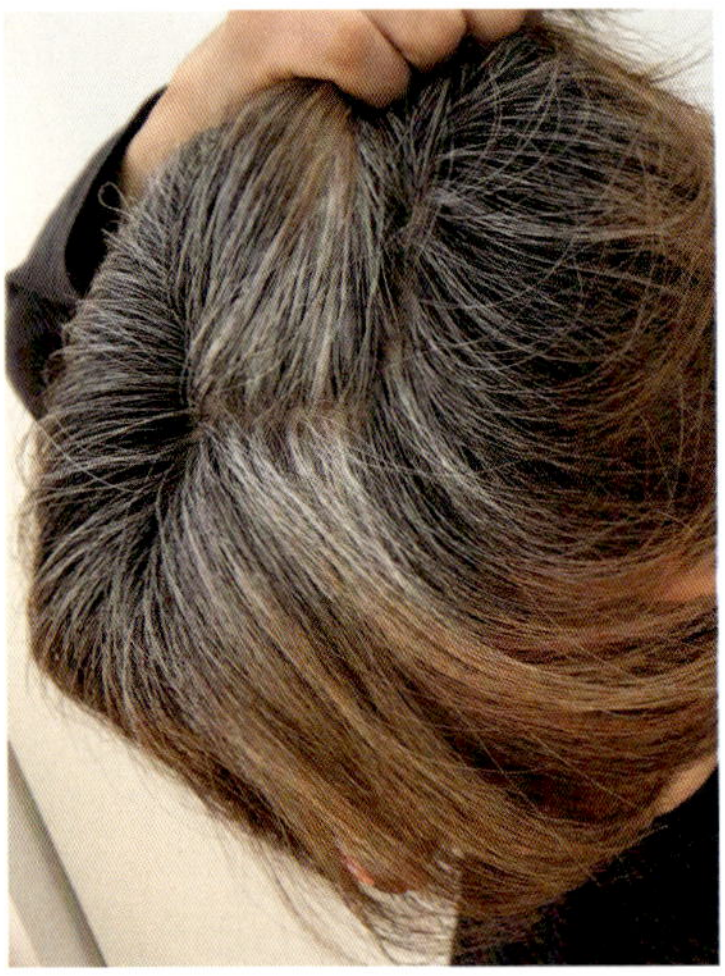

2017年1月

白髪の生え方に個性を見る

髪をめくってみると、内側のこめかみに近いあたりが最も白い。全体的に白くなる人もいれば、一カ所に集中して生えている人もいる。これも個性。

2017年3月

前髪が全部グレイになった!

6カ月目に再びヘアカット。前髪の染毛部分がすべてなくなった。このとき、白髪のままで生きていく決意が固まる。グレイヘアだって悪くない。

ボブスタイルにしてから始めたのは、横の髪にひと筋、ピンクのヘアマニキュアで色を入れること。ズボラで染めていないのではなく、あえて白髪を生かしているという主張を見せるためにやってみようという美容師さんのアドバイスで入れてみた。

華やかな色を入れると気分も上がる。とりあえずの普段着でも、どことなくおしゃれに見えるから不思議だ。

ただし、白、黒、ピンク、茶と色とりどりの髪は人目をひく。その日のコンディションによって、堂々と胸を張って歩ける日もあれば、人目が怖いと感じる日も。自分に自信が持てそうにない日は、悪あがきをせず、帽子をかぶって外出した。

白髪育ての中途半端な時期は、帽子が最強の味方になる。2016年から2017年の秋冬シーズンほどたくさんの帽子を買った時期はない。

白髪育て6カ月目、再びヘアカット。前髪の染毛部分が完全に切り落とされた。鏡の中の私は、やわらかな色合いのグレイヘアに包まれ、いい表情をしていた。白髪染めをしていた時代よりも似合っていて好きだと、心の底から思えた。

ヘアカットの現場で自撮りした写真は、ブログに【速報】として掲載。半年頑張った自分をほめたたえたいほどに、気分は高揚していた。

振り返ってみると、〝前髪完成記念日〟は、10カ月目に染毛部分をすべて切り落とすことができた日よりも喜びが大きかったように感じる。

まだまだ自分の決断に自信が持てず、ときには「染めてしまったほうがラクかも……」と心が揺れるなかでやっと迎えた節目の日。だからこそ、感動もひとしおだった。

2017年4月

スカーフが白髪隠しに活躍

7カ月目に入り、白髪隠しと春風対策でスカーフを活用し始める。昔買い集めていたスカーフが今になって役立つなんて。耳を隠すとおしゃれ感アップ。

2017年3月

80人を前にスピーチする

仕事関係のイベントで人前に立つことに。直前まで帽子をかぶろうかと迷うも、そのままで登壇。白髪部分をあえてのハイライトと勘違いしていた人も。

2017年3月

自撮り写真が変わってきた

白髪育てのブログのための自撮り写真。このあたりから、笑顔で正面を向いているものが増えてきた。白髪染めをやめたせいか、肌の調子も絶好調！

前髪が全部グレイになると気持ちも表情も軽くなる

とはいえ、舞台の上に立ち、多くの人を前にスピーチするというイベントは話が違う。普通に感じる緊張に加えて、「この髪で大丈夫だろうか？」「みっともなくない？」という不安が心をよぎる。

仕事関係で呼んでいただいたイベントでは、生き生きとスピーチをする若手の講師が多いなか、白髪まじりの自分がいていいのかという戸惑いから逃れられなかった。

けれど、これは私の外見ではなく、私の話が評価されるイベントだ。イベント後に話しかけてきてくれた人たちは、私の髪など関係なく、私の話の内容に関して熱心に質問をしてくださった。当たり前だが、私の頭が白かろうと黒かろうと関係ない。自分の自意識過剰っぷりが恥ずかしかった。

その後も仕事の関係で、顔を出して取材に応じたり、SNSで写真を掲載することが増えた。機会が増えれば、否が応でも慣れていく。

春になって強風の日が増えたころ、新たな小物を投入。バブル時代に集めたスカーフで髪をまとめたり、幅の広いヘアバンドで髪を覆うことでおしゃれな雰囲気を醸し出そうと試みる。顔の造作は変えられないが、せめてイイ女風の雰囲気をめざしたいと、ジタバタ努力の日々は続く。

2017年6月

白髪が少ないのが悩み？

表面はともかく、内側に白髪が多いのが私の個性。このころになると、もっと表面に白髪が増えてくれてもいいのになという、逆の悩みが発生してくる。

2017年5月

色とりどりの髪を楽しむ

8カ月目を目前に、左右アシメトリーな髪の長さにしてもらう。青のマニキュアを入れたら、染めているところと反応したのか、なぜかグリーンに。

2017年5月

「グレイヘアにグレイ」もあり

白髪にしたら以前の服が似合わなくなるのではと思っていたが、案外何色でもなじむことを実感。大好きだったストールも使えそうで、ほっとひと安心。

私オリジナルのグレイヘアが私に似合わないはずはない！

白髪染めをやめてから、2カ月ごとにサロンに行っている。

白髪を素敵に魅せるには、適度なツヤやこまめなお手入れが欠かせない。特にのばし途中の半端な時期は、理解のある美容師さんのいるサロンでお手入れをしたほうが見栄えがいい。若い子のプリン頭はほほ笑ましいけれど、のびかけ白髪の富士山頭は、上手に魅せないと自分が辛くなってくる。

白髪育て10カ月目になろうかというころには、のびた白髪部分と茶髪部分が半々になった。その髪でサロンに行ったところ、「切っちゃいましょ！」との提案。茶髪部分を切り落とし、グレイヘアに生まれ変わった自分と対面した。

すべてグレイになったらさぞかし感動するのでは？　そう想像していたけれど、実際は淡々としたものだった。

自然がくださった私のグレイヘアは、私の顔や雰囲気にとても似合っていた。

人工的な色で白髪染めをしていたころの自分よりも、今の自分のほうが断然好きだ。この髪とともに、人生の後半戦をどう生きていこう？

この先の道は、いばらの道か、平坦な道かはわからない。けれど私には、白髪育てを通じて鍛えられた心と、我が道を行く勇気がある。これからも私は、胸を張って歩いていく。

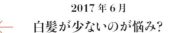

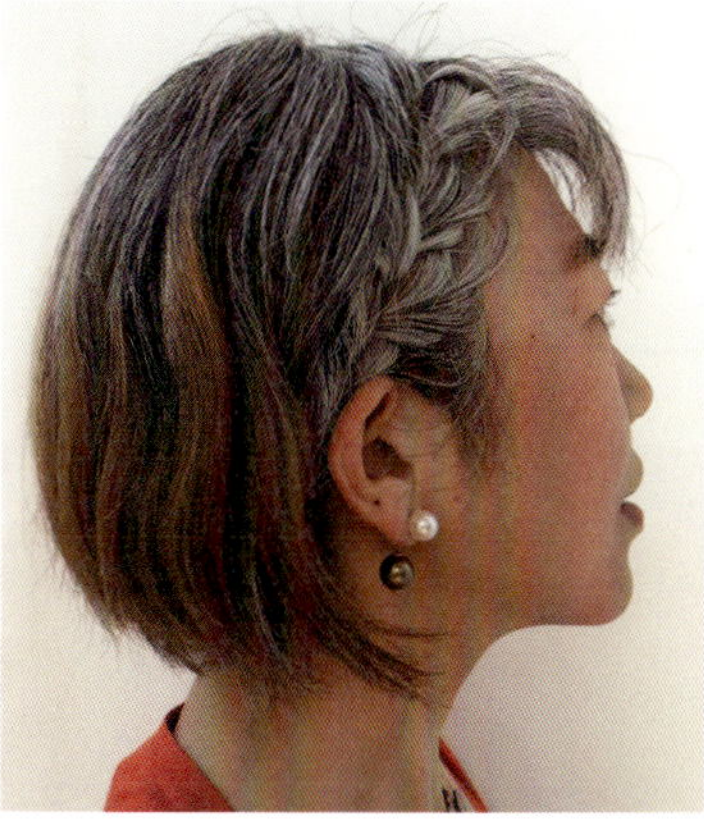

2017年7月

編み込みで白髪を目立たせる

内側の白髪を目立たせつつすっきり過ごすために、長くなった横の髪を編み込む。このあと、白髪育て10カ月目にして、バッサリとショートに変身。

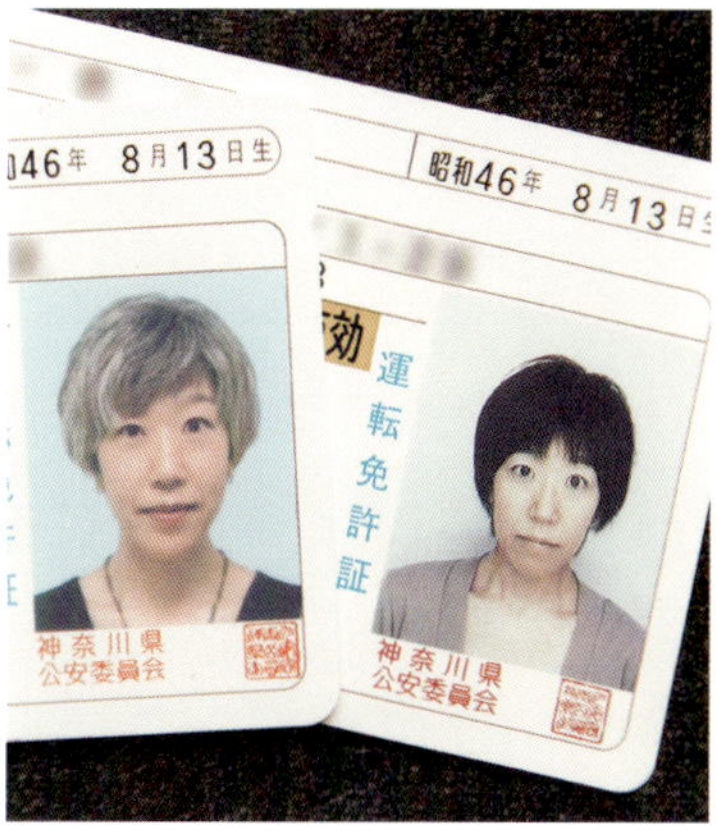

2017年8月

10年前の私と、今の私

最後のヘアカラーからちょうど1年、グレイヘアになった私の新しい運転免許証。10年分年をとったが、10年前の自分よりも、軽やかな印象がある。

2017年8月

白髪だって笑顔が似合う

好意的な言葉をかけてくれる人もいれば、全否定な言葉を浴びせる人もいる。つまり、半々。世界の半分は、あなたの味方。胸を張って笑顔で行こう！

"白髪育て"を楽しむための3カ条

その1 家族や美容師。たったひとりでいいから味方を見つける

その2 辛い時期は、帽子のおしゃれを楽しむ時期と割り切る

その3 他人の視線の半分は「あの人、素敵！」だと思い込む

Hair salon for grey

移行期のストレス軽減 "白髪染め卒業"を応援してくれるヘアサロン

「白髪染めをやめたい、と言ったら美容師さんに反対された」という経験はないだろうか？　一方で、グレイヘアにしたいという希望に寄り添ってくれるサロンも増えてきた。カットやカラー、ヘアケアなど、プロならではのワザと知識で移行期の悩みに応えてくれる。
グレイヘアへのプロセスは、一人で悩まず、経験豊富なプロの手を借りてみては？

Salon 3

グレイヘアの悩みを気軽に相談しやすい

Dress hair

ドレスヘアー

住所：東京都渋谷区恵比寿南 3-2-16
オクトピア恵比寿南 1 階
電話：03-6412-8700
営業時間：月～金 11 時～21 時／
土・日・祝 10 時～20 時
定休日：毎週火曜日／不定期月曜日
URL：http://dresshair.net/

→ P108

Salon 4

髪色の変化に合わせたヘアスタイルを提案

balance 阿佐ヶ谷店

バランスアサガヤテン

住所：東京都杉並区阿佐谷南 1-11-8
ベルハウス阿佐ヶ谷 102
電話：03-3318-0310
営業時間：月～土 11 時～20 時／
日・祝 10 時～19 時
定休日：毎週火曜日／第 3 月曜日
URL：http://balance2u.com/asagaya/

→ P108

Salon
1

グレイヘア実績多数!
上品マダムをめざすなら

TANGA NILLA OLIVE
タンガニーラオリーブ

住所：東京都世田谷区玉川3-10-10
フェリトイア3階
電話：03-5717-3610
営業時間：月～土 10時～20時／
日 10時～19時
定休日：毎週火曜日／第1・第3水曜日
URL：http://www.tanganilla.jp/

→ **P104,105**

Salon
2

若々しいグレイが得意な
プライベートサロン

Lullii YOUR SALON
ルリィ　ユアサロン

住所：東京都新宿区高田馬場
4-18-9
ハイシティ高田馬場204
電話：03-6875-2117
営業時間：11時～20時
定休日：毎週火曜日
URL：http://www.lullii.com/

→ **P106,107**

Salon
5

女性らしい雰囲気の
グレイヘアはおまかせ

SENSE Hair センスヘア

住所：東京都渋谷区神宮前
4-24-18 北村ビル1階
電話：03-6447-1934
営業時間：火・木 10時～20時／
水・金 12時～22時／
土・日・祝 10時～19時
定休日：毎週月曜日
URL：http://www.sense-hair.com/

→ **P109**

Salon
6

カラーを効果的に入れた
モードなグレイならここ

MaxBlonde
マックスブロンド

住所：東京都渋谷区神宮前5-38-7
サンクドゥ青山1階
電話：03-3406-1741
営業時間：月～金 11時～21時／
土・日・祝 11時～20時
定休日：毎週火曜日／第3月曜日
URL：http://www.maxblonde.com/

→ **P110**

Salon
7

髪の健康に気づかいつつ
個性に合うグレイを提案

LotusHairDesign
ロータスヘアデザイン

住所：神奈川県横浜市瀬谷区三ツ境
10-3　2階
電話：045-444-9353
営業時間：10時～19時
定休日：毎週火曜日／
第1・第3水曜日
URL：http://lotushairdesign.jp/

→ **P111**

アッシュ系のカラーを入れて質感を調整

安田敦子さん　age 58

安田さんコメント

白髪染めをしていたころは、3週間に1度のペースで染めていました。グレイヘアに挑戦したのは5年前。夫には「身ぎれいにしていないとみっともないのでは？」と言われましたが、手束さんに「まずは2cmのばしてみましょう」とアドバイスされたんです。そこからは、全体を明るくしながらグレイヘアを育てていき、夫も褒めてくれる仕上がりに。カットもカラーもおまかせで安心です。

SALONより このヘアのポイント

安田さんの魅力は大人のかわいらしさ。前髪は短めに、全体はもともとのクセを生かしたカットを心がけています。現在のカラーは、ご自身のグレイヘアに合わせて、ペールイエローやセピアブラウンなどを加え、質感を調整しています。ツヤを美しく見せるためには、色の組み合わせがとても大切。グレイヘアだけだとメリハリがなく見えてしまう方には、カラーを入れる提案をしています。

TANGA NILLA OLIVE

タンガニーラオリーブ

Salon 1

グレイの救世主！クチコミで客が集う先駆者的サロン

ディレクター 苫米地真弥さん

パーソナルマネージャー 手束繭美さん

ブルーを加えてシャープな仕上がりに

押元薫さん age 54

押元さんコメント

4年前まで白髪染めをしていましたが、知人がこのサロンを紹介してくれて。ぜひグレイにしたいと思い、通い始めました。とはいえ、最初はどういうふうに切り替えていくのか不安でした。ローライト(※)を入れてグレイ部分をなじませるなどの工夫をしてもらいました。現在は、2カ月に1回のカット、4カ月に1回のカラーが定番です。4カ月の間に色が変わっていく過程も楽しんでいます。

※ローライト　ベースとなる髪色よりも暗い色を筋状や束状に入れる技法、また、入れた部分のこと。グレイヘアにローライトを入れると、髪全体の動きや立体感が増す。逆にハイライトは、ベースよりも明るいポイントのことをさす。

SALONより このヘアのポイント

押元さんの髪は、白い部分と黒い部分がくっきりと分かれているのが特徴。その分かれ目を目立たなくするために、ブルー系のカラーをウィービング(※)という手法で細かく入れています。ブルー系カラーを入れることで白髪の黄色みを抑えられるほか、黒い部分とのコントラストが生まれ、髪全体が立体的に見えてきます。押元さんのお顔立ちに似合うシャープな仕上がりを心がけています。

※ウィービング　髪の毛束を少しずつとり、細かい筋状にカラーリングを行う技法のこと。髪をより立体的に見せることができる。頭皮に薬剤がつきにくいので肌が敏感な人でもカラーを楽しめるほか、根元がのびてきても目立ちにくい。

40代から80代まで、グレイヘアのお客様は50名を超えるというタンガニーラオリーブ。10年ほど前から「この先どうしよう?」と悩む大人の女性にグレイヘアを提案してきた。

実は、それまでどんな染料で染めていたかでグレイヘアまでの道のりも変わってくる、と手束さん。

「髪の傷み具合や色がどう抜けていくかは、染料によってまったく異なります。そのあたりを考慮に入れつつ、ローライトを入れる、白を中心にグラデーションを作るなど、さまざまな楽しみ方を提案しています」

最終的に完全にカラーを卒業する人もいれば、グレイに映える色に目覚める人も。辛い移行期も楽しめるサロンだ。

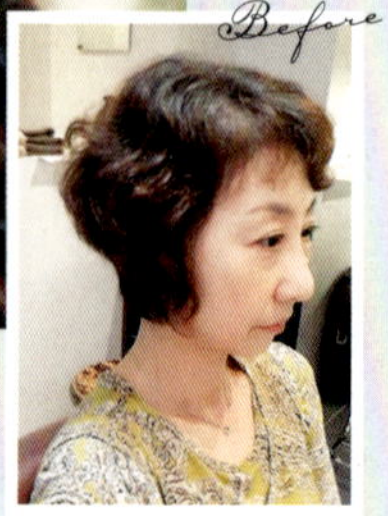

ナチュラルなハイライトを細かく丁寧に

ちよみさん age 60

ちよみさんコメント

2016年の夏、髪のボリュームが減ったように感じ、白髪染めをやめようと思いました。でも、職場の先輩にまだ早いと言われてしまって。少し迷ったのですが、あかねさんに「楽しめるよ！」と背中を押してもらい、今に至ります。

この絶妙な色合いがとても気に入っていて、これまで着られなかった濃い色合いのファッションにもチャレンジできるようになりました。今では職場の反応も上々です。

SALONより このヘアのポイント

ちよみさんは、まだカラーを入れていた部分が残っているので、そのままだと白と黒、過去のカラーの3色になってしまいます。ですので今は、白髪部分を細かく多めにとり分けながら、アッシュ系のハイライトを入れています。アッシュ系を入れると、白髪の黄色みがとれますし、カラー部分とも自然になじむのでおすすめ。

カットはクセを生かし、ドライヤーで乾かすだけで整う形に作っています。

Lullii YOUR SALON

ルリィ　ユアサロン

Salon 2

茂木あかねさん

卒業したあとこそ もっとおしゃれを 楽しんでほしい

エッジのきいたカットが若々しさの秘訣

キヨコさん age 57

キヨコさんコメント

別のサロンで徐々に白髪染めの色を薄くしながら卒業する予定でした。でも、2年たってもまだ染めているという状況がイヤで、自分で髪だけカットしていました。
あかねさんのブログを読み、「素敵なグレイヘアにしたい」と伝えると、迷いなくハサミを入れてくださって。その技術にほれ込み、今はすべてをあかねさんにおまかせしています。家族もお友だちも「似合っている」と言ってくれます。

SALONより このヘアのポイント

キヨコさんが初めてサロンにいらしたとき、ご自分で髪を切っていらっしゃいました。かなりグレイものびていて、これはショートにしたら素敵だなと。
グレイヘアの場合、特に大切なのはメリハリです。やさしいグレイにやさしい髪型だと老けて見えてしまいます。後頭部はふんわり、耳まわりとえり足はキュッと締めて。短めの前髪でエッジをきかせているのがポイントです。

2017年末にオープンしたばかりのプライベートサロン。茂木さんがひとりで、お客様と丁寧に向き合う。

白髪染めをやめたいというお客様が来たら、まずはその方の心に寄り添っていく。「どうしたらより気持ちよく過ごせるかを考えます。のばし途中のおしゃれだって、あきらめてほしくない。やりようはいくらでもあるんですから」

白髪染めをやめたぶん、サロンで施術してもらうヘアケアに目覚め、髪や頭皮をいたわるようになるお客様も多い、と茂木さん。カラーやカットのテクニックもさることながら、その人に合ったお手入れ方法を丁寧に教えてくれる姿勢が信頼を集める。

SALONより このヘアのポイント

幸江さんはまだ白髪が少ないので、黒い部分を細かなウィービングでブリーチしたのち、メタリックブラウンやアッシュ、ラベンダーといったカラーをまぜて色を入れています。日にちがたつとブリーチの色に戻っていきますが、白髪との差が目立ちません。まだ黒が多いので、白髪を育てつつ、攻めたハイライトを楽しんでいただいています。

三好さんコメント

グレイヘアにしたいと思い約1年。この髪色を見た子どもや孫は驚いていましたが、私はとても気に入っています。何より白髪と黒髪との色の差がなくなり、生えぎわがのびてきたときのストレスもなくなってすがすがしい気分になりました。すべてが白髪になるには時間がかかると言われていますが、それも楽しみたいと思っています。

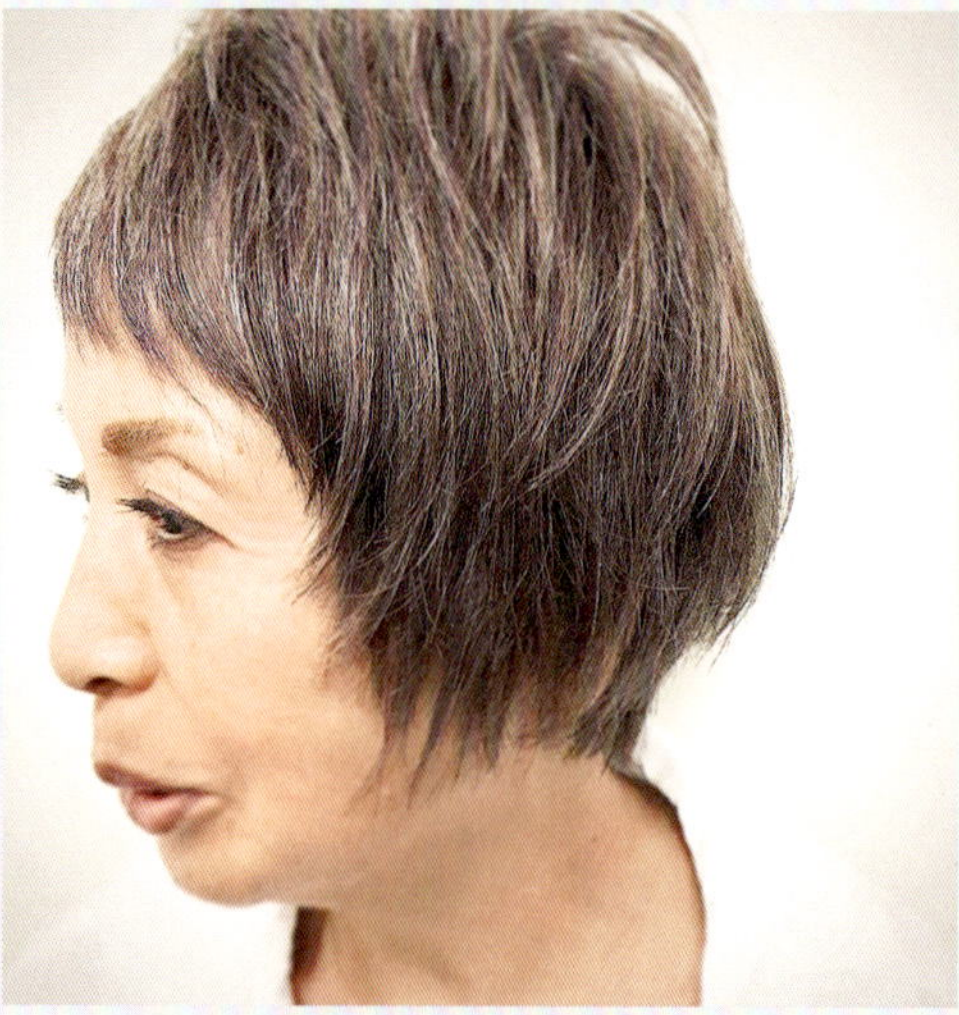

黒髪をブリーチして白との差を縮める

三好幸江さん age 66

Salon 3

Dress hair

ドレスヘア

白髪は染めるものという常識は変わっていくはず

チーフ 辻川桂子さん

今、白髪染めをしているお客様の中でも、グレイヘアが似合いそうな人は何人もいるので、もし、グレイに挑戦したいと言われたら、喜んでサポートしたい、と辻川さん。

「最近のカラー剤はバリエーション豊富。上手にとり入れれば、周囲に気づかれないようにグレイに移行していくことも可能です」

ヘッドスパもすすめている。

「髪本来のすこやかさをとり戻せば、ツヤがよみがえり、スタイリングもしやすくなります」

Salon 4

balance 阿佐ヶ谷店

バランス アサガヤテン

グレイ世代の悩みに寄り添い軽やかな髪を提案

代表 吉田尚一さん

「グレイは、誰にも似合う髪色なんです」と、吉田さん。顔色が明るく見える上に、白髪染めが地肌に合わなかった人は、やめることで肌質も改善される。だからこそ、グレイを生かした髪型にしたいという人には、徹底してアドバイスする。

「グレイは軽やかな色なので、重たく見えない髪型がおすすめ。クセを生かしたふんわりデザインや、ショートスタイルでやさしい雰囲気を出したいですね」

黒髪時代からメッシュを入れ自然に移行

上ケ平由美さん age71

上ケ平さんコメント

中島さんとは15年ほどのおつき合いで、色もカットもすべておまかせしています。
フロントに白髪が増えてきたのはここ4～5年ですが、染める気はありませんでした。髪が黒い10年くらい前から明るくメッシュを入れてもらっていたので、今でも同じように3色の筋を入れています。白髪になる前からそうしていたため、白髪が生えてきても自然な色で、ストレスを感じたことはありません。

SALONより このヘアのポイント

やわらかくて細い髪質の上ケ平さん。動きのあるヘアスタイルにするために、ウィービングで色を入れています。こうすることで、生えてきた白い根元が目立たず、逆に白い色が生きるのです。
サロン滞在時間は、カットとパーマ、ウィービングで1時間半から2時間。頻度は1カ月半から2カ月に1回程度。
ボリュームを出すことが大切なので、サロンや自宅での頭皮ケアもおすすめしています。

Salon 5

SENSE Hair

センスヘア

代表 中島義宗さん

うねりが気になるエイジング毛は頭皮ケアが大切

「グレイにしたいと思ったら、まずは相談してほしい」と話す中島さん。すぐにすべてを白くできないからこそ、いつ頃完成するのか、途中はどうするかなど、さまざまなプランが提案できる。

さらにセンスヘアは、エイジング毛のケアも得意。「歯科医にホワイトニングしてもらうように、ヘッドスパやスカルプシャンプーをまかせてください。変わりますよ」

グレイ世代にうれしいメニューがそろっている。

グレイのマニキュアで少しずつ移行していく

中野淳子さん age82

SALONより このヘアのポイント

中野さんはいちばんベーシックな方法で移行しています。もともとはマットアッシュ系のブラウンで染めていましたが、白髪の量が増えてきたため濃いグレイのマニキュアに変更。バランスを見ながら徐々にシルバーを強くしていき、今は薄いシルバーのマニキュアを入れています。

中野さんコメント

鏡に映る自分の髪色に違和感を感じたことがきっかけで、白髪染め卒業を思い立ったのが5年前。そこから波多さんにお願いして、グレイの髪に変身していきました。すべてをおまかせしていますが、困ったことはありません。毎回通うのが楽しみです。

カットとパーマだけでそのまま白髪染めを卒業

森下寿恵子さん age73

SALONより このヘアのポイント

森下さんは、毎回はるばる福岡からいらしてくださっています。長いおつき合いのなかで、私もいろいろとアレンジを考え、ご提案しています。白髪染めを卒業する決断をされてからは、パーマスタイルのショートカットのアレンジのみで、美しいグレイヘアを作りました。

森下さんコメント

白髪染め卒業は約10年前から。染めるのが面倒になったというのが最大の理由です。波多さんにカットとパーマだけをしていただき、そのままのばしていきました。毎回いいスタイルにしてくださるので安心です。今はすっかりグレイになりましたが、とにかくラクです！

明るめのブラウンからグレイ系の色にシフト

小堀玉美さん age84

SALONより このヘアのポイント

もともと明るめのブラウンで染めていましたが、グレイ系ブラウンのマニキュアから徐々にグレイを強くしてきました。現在は薄めのシルバーグレイのマニキュアを入れています。今後はさらにシルバーを強くしていき、グレイヘアにしかできないカラーを楽しんでいただきます。

小堀さんコメント

グレイヘアにし始めたのは5年前から。波多さんにすすめていただいたのがきっかけです。茶系の色からグレイになりましたが、とても満足しています。色のキープなどに関しても、丁寧に説明してくださるので安心です。これからも全面的におまかせしたいと思います。

Salon 6

MaxBlonde

マックスブロンド

代表取締役 波多 晋さん

尖ったおしゃれはグレイヘアとの相性が抜群！

「ブラウン系の白髪染めは、いつしか顔色や肌の質感と合わなくなっていきます。一方、グレイ系のカラーは年齢を重ねた肌にもマッチします」

海外経験が長い波多さんいわく、モードな分野ではグレイ系の髪が浸透しているとか。「ナチュラルな白髪に美しいグレイ系の色をかけて味つけしていくと、おしゃれ度が増します。そんな人が街に増えれば、もっとグレイヘアの可能性が見直されると思うんです」

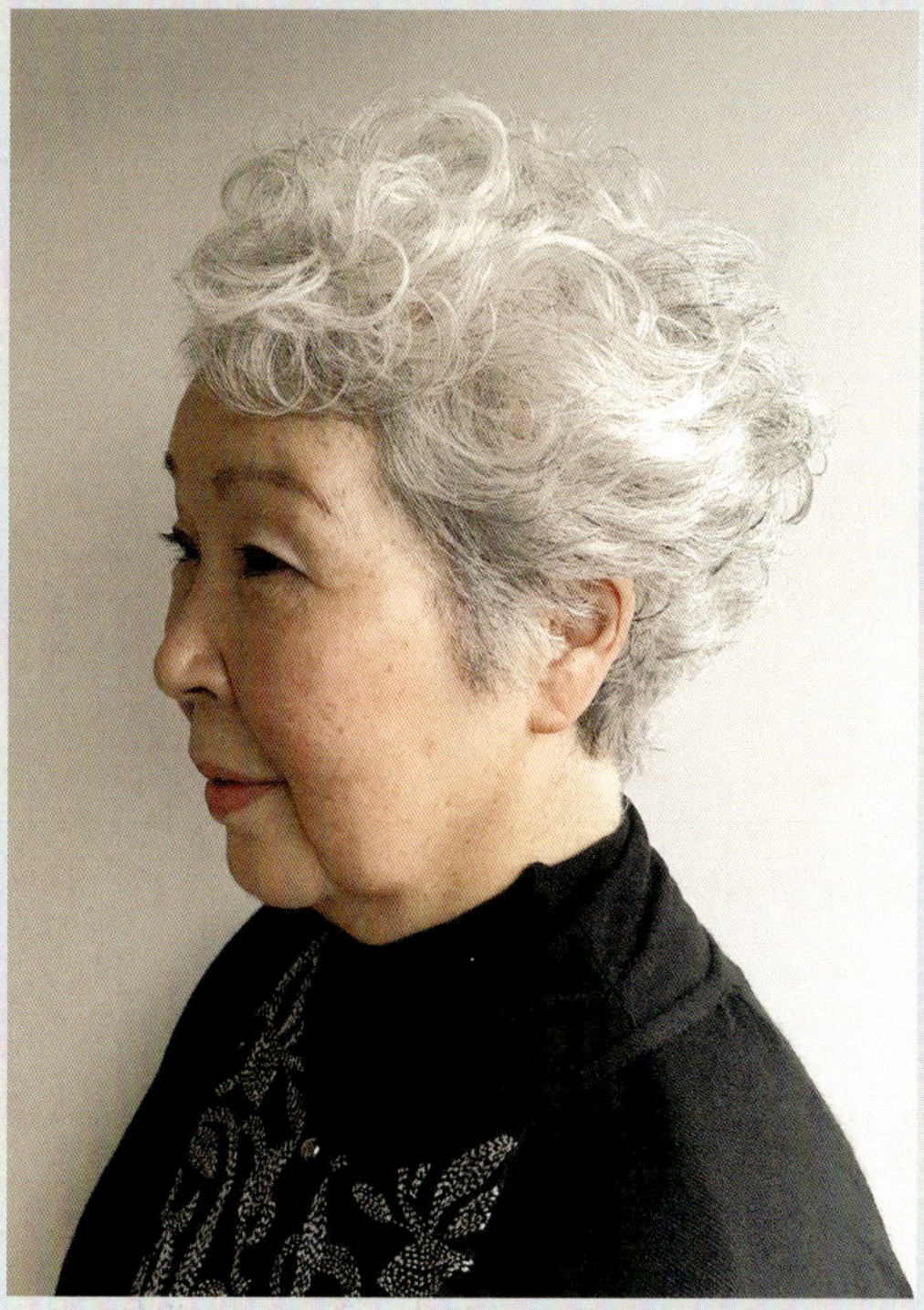

ケア&カットだけでこのボリューム感!

増渕みつさん　age77

増渕さんコメント

白髪染めをやめたのは、カラー後に湿疹ができたため。医師にも控えるように言われましたし、家族の後押しも支えになり、途中で辛いと感じたことはありませんでした。正直、毎月のカラーに追われなくなり、気持ちに余裕も生まれました。何も言わなくても素敵なスタイルにしてくれる城田さんには、とても感謝しています。とにかくグレイヘアは、カットが命だと感じています。

SALONより このヘアのポイント

6年前、サロンオープン時にお会いしたときから完全なグレイヘアだった増渕さん。クセを生かしたカットだけでこの髪型を作っています。トップのボリュームが美しさの秘訣なので、シャンプー後のブローは、根元を持ち上げて乾かすようにアドバイスしています。

華やかな色がお似合いで、この日もオレンジ色のオーバーサイズなコートがとてもキュートでした。

Salon 7

LotusHairDesign

ロータスヘアデザイン

オーナー
城田宗司さん

頭皮ケアで髪質が変わればデザインも多彩に

「グレイヘアの提案は尽きない」と城田さん。染める、染めないだけではなく、生えてくるグレイヘアを見すえた頭皮ケアや保湿など、サロン側からの提案がたくさんあるそうだ。

グレイヘアの場合、ツヤを出したいあまりに、オイルやトリートメントで過剰にコーティングし、逆にキューティクルを傷めている人もいるとか。

「頭皮や毛根をケアしていい髪が生えれば、いいカットができます。ぜひ相談してください」

撮影
宮濱祐美子（カバー、 p.1-4、6-15）
神子俊昭（p.16-25）
中川直也（p.26-31）
齋藤順子（p.42、48-51、82-87）
柴田和彦（p.56-71、94）
佐山裕子（主婦の友社写真課）
（p.32-47、72-81、88-90、101-111）

スタイリング
岡部久仁子（p.16-25）
花本幸枝（p.56-71、94）

ヘア＆メイク
清水ヤヨエ（p.1-3、6-15）
角真理子（p.16-25）
山本浩未（p.32-37）
新井健生（p.56-71、88-90、94）

イラストレーション
永宮陽子（p.52-55）

ブックデザイン
若井裕美

取材・文
岩越千帆（smile editors）（p.6-15）
朝倉真弓（p.16-31、94-111）
南寿律子（p.38-51、56-93）

編集担当
依田邦代（主婦の友社）

撮影協力
（五十音順）
アヴェダ☎ 03-5251-3541
ANNA SUI COSMETICS ☎ 0120-735-559
アピステ☎ 03-3401-7124
イプサ☎ 0120-523543
大島椿☎ 0120-457-178
クリスチャン ルブタン（化粧品）☎ 0120-449-360
ザ・ゴール☎ 03-5537-5018
ジェリクール☎ 03-3260-0524
資生堂☎ 0120-81-4710
スモールチェンジ高円寺店☎ 050-3803-2224
NARS JAPAN　www.narscosmetics.jp
日本化粧品☎ 0120-554-675
バイオプログラミング☎ 0120-710-971
パナソニック☎ 0120-878-365
フローフシ☎ 0120-963-277
ベアミネラル☎ 0120-24-2273
マユ☎ 03-3499-5377（ストローラー PR）
Marina JEWELRY　https://marina.theshop.jp
マンダム☎ 0120-37-3337
メイクアップ アート コスメティックス☎ 03-5251-3541
ラ・マジョリーナ　info@la-majorina.co.jp（担当 原）
ロゥタス☎ 03-3499-5377（ストローラー PR）

グレイヘアという選択《せんたく》

平成 30 年 5 月 10 日　第 1 刷発行
平成 30 年 8 月 20 日　第 6 刷発行

編　者　主婦の友社
発行者　矢﨑謙三
発行所　株式会社主婦の友社
〒 101-8911　東京都千代田区神田駿河台 2-9
電話（編集）03-5280-7537（販売）03-5280-7551
印刷所　大日本印刷株式会社

ISBN978-4-07-427804-6

■本書の内容に関するお問い合わせ、また、印刷・製本など製造上の不良がございましたら、主婦の友社（電話 03-5280-7537）にご連絡ください。
■主婦の友社が発行する書籍・ムックのご注文は、お近くの書店か主婦の友社コールセンター（電話 0120- 916-892）まで。
＊お問い合わせ受付時間　月～金（祝日を除く）9:30 ～ 17:30
主婦の友社ホームページ http://www.shufunotomo.co.jp/